D1605658

Prendre
la parole

Édition : Pascale Mongeon
Correction : Karine Picard et Sabine Cerboni
Infographie : Johanne Lemay

Catalogage avant publication de Bibliothèque et
Archives nationales du Québec et Bibliothèque et
Archives Canada

Mongrain, Jean-Luc

    Prendre la parole : les règles de l'art, les pièges à
éviter, les trucs du métier

    ISBN 978-2-7619-4183-9

    1. Art de parler en public. I. Sévigny, Marc, 1953-
II. Titre.

PN4129.3.M66 2015   808.5'1   C2015-940252-2

DISTRIBUTEURS EXCLUSIFS :

Pour le Canada et les États-Unis :
MESSAGERIES ADP inc.*
2315, rue de la Province
Longueuil, Québec J4G 1G4
Téléphone : 450 640-1237
Télécopieur : 450 674-6237
Internet : www.messageries-adp.com
* filiale du Groupe Sogides inc.,
  filiale de Québecor Média inc.

Pour la France et les autres pays :
INTERFORUM editis
Immeuble Paryseine, 3, allée de la Seine
94854 Ivry CEDEX
Téléphone : 33 (0) 1 49 59 11 56/91
Télécopieur : 33 (0) 1 49 59 11 33
Service commandes France Métropolitaine
Téléphone : 33 (0) 2 38 32 71 00
Télécopieur : 33 (0) 2 38 32 71 28
Internet : www.interforum.fr
Service commandes Export – DOM-TOM
Télécopieur : 33 (0) 2 38 32 78 86
Internet : www.interforum.fr
Courriel : cdes-export@interforum.fr

Pour la Suisse :
INTERFORUM editis SUISSE
Route André Piller 33A, 1762 Givisiez – Suisse
Téléphone : 41 (0) 26 460 80 60
Télécopieur : 41 (0) 26 460 80 68
Internet : www.interforumsuisse.ch
Courriel : office@interforumsuisse.ch
Distributeur : OLF S.A.
ZI. 3, Corminboeuf
Route André Piller 33A, 1762 Givisiez – Suisse
Commandes :
Téléphone : 41 (0) 26 467 53 33
Télécopieur : 41 (0) 26 467 54 66
Internet : www.olf.ch
Courriel : information@olf.ch

Pour la Belgique et le Luxembourg :
INTERFORUM BENELUX S.A.
Fond Jean-Pâques, 6
B-1348 Louvain-La-Neuve
Téléphone : 32 (0) 10 42 03 20
Télécopieur : 32 (0) 10 41 20 24
Internet : www.interforum.be
Courriel : info@interforum.be

05-15

Dépôt légal : 2015
Bibliothèque et Archives nationales du Québec

ISBN 978-2-7619-4183-9

Gouvernement du Québec – Programme de crédit
d'impôt pour l'édition de livres – Gestion SODEC –
www.sodec.gouv.qc.ca

L'Éditeur bénéficie du soutien de la Société de développement des entreprises culturelles du Québec
pour son programme d'édition.

Conseil des Arts   Canada Council
du Canada   for the Arts

Nous remercions le Conseil des Arts du Canada de
l'aide accordée à notre programme de publication.

Nous reconnaissons l'aide financière du gouvernement du Canada par l'entremise du Fonds du livre
du Canada pour nos activités d'édition.

Jean-Luc
MONGRAIN

Prendre
la parole

LES RÈGLES DE L'ART, LES PIÈGES À ÉVITER,
LES TRUCS DU MÉTIER

Avec la collaboration de Marc Sévigny

LES ÉDITIONS DE
L'HOMME
Une société de Québecor Média

Introduction

Imaginez une seconde que les rôles habituels sont inversés. Ce n'est plus Jean-Luc Mongrain l'animateur qui fait une entrevue avec un auteur. C'est plutôt Jean-Luc Mongrain l'auteur qui doit répondre à la question qui tue : « Pourquoi diable veux-tu écrire un livre sur la communication orale ? »

« Bonne question », dirait sans doute tout porte-parole aguerri, pour se donner le temps de réfléchir avant de répondre. Dans mon cas, la réponse vient spontanément et tout naturellement : parce que je veux venir en aide aux personnes qui, par choix ou par obligation, sont appelées à monter sur une tribune, et qui sont littéralement terrorisées à l'idée de prendre la parole en public.

Un récent sondage révélait que parmi les dix plus grandes craintes des gens, celle de prendre la parole en public se classait juste avant la crainte de mourir. J'ai trouvé cela incroyable, voire exagéré, mais en même temps, cela m'a ramené en mémoire des commentaires que j'ai maintes fois entendus, formulés par des hommes et des femmes publics, des dirigeants d'entreprises, des responsables de groupes communautaires. Ils abondaient tous dans ce sens.

Une expression populaire fait d'ailleurs référence à cette peur maladive : «J'aimerais mieux mourir que d'avoir à parler en public…»

Vaincre sa peur

Au plus profond de nous, nous éprouvons cette hantise de nous retrouver un jour devant un grand groupe et de ne plus pouvoir prononcer un mot. Nous craignons tous d'être paralysés devant un micro ou devant une foule. C'est bien sûr une situation extrême, mais même pour qui n'a pas de problème particulier d'élocution ni n'est excessivement timide, prendre la parole en public exige un certain courage et une certaine discipline. Tout au long de ce livre, je vous le rappellerai : on ne naît pas orateur, on le devient par la pratique et l'expérience.

Au fil des ans, j'ai réalisé de nombreuses entrevues avec des gens qui étaient des spécialistes dans leur domaine. J'ai constaté que ce qui les rendait nerveux, ce n'était pas le contenu dont ils avaient à traiter. Généralement, les dirigeants d'entreprises, les scientifiques et les politiciens connaissent leur sujet. Ils sont bien souvent préparés par des professionnels des communications ou des relations de presse, et ils sont parfois équipés de ce qu'on appelle dans le langage journalistique une «cassette». Or, dès qu'on les sort de leur zone de confort et des mots ou messages clés qu'on leur a suggéré de répéter (la «cassette»), ils deviennent nerveux et perdent tous leurs moyens. En télévision et en direct, où j'ai passé l'essentiel de ma carrière, ça ne pardonne pas.

Le même phénomène se produit quand ces personnes, pourtant reconnues comme des chefs de file ou des experts, doivent prononcer un discours de façon impromptue. Une présidente, un vice-président, un membre de la direction, tous ont l'habitude de parler à leurs employés, à leurs clients, à leur conseil d'administration, mais si on leur dit que le lundi suivant ils devront s'adresser à la Chambre de commerce de Montréal, de Québec ou de Laval, rien ne va plus. Ils sont en territoire inconnu, et ils en ont des sueurs froides.

Ce n'est pas anormal. Nous sommes tous un peu nerveux à l'idée de parler en public. On dit qu'il faut avoir donné au moins une dizaine d'allocutions en public pour commencer à être à l'aise dans ce genre de situation. Même les gens les plus extravertis arrivent parfois sur la scène devant quelque deux cents personnes, par exemple, avec les mains moites, et leurs jambes se mettent à trembler sous le lutrin. Dans leur tête, ils se disent qu'ils n'y arriveront jamais, et que les spectateurs vont les huer. Ils parlent alors en mode accéléré dans l'espoir d'en finir au plus vite ou lisent leurs notes pour se donner du courage, créant un sentiment d'inconfort chez certains de leurs auditeurs et l'envie de somnoler chez les autres.

Il y en a même, me dit-on, qui prennent des calmants ou une médication quelconque pour être capables de remplir leurs engagements. Pourtant, tout ce qu'on leur demande, c'est de parler de ce qu'ils font. (Pas de ce qu'ils sont, mais de ce qu'ils font; souvent, les gens se définissent avant tout par la fonction ou le poste qu'ils occupent. À tort ou à raison, c'est leur seule mesure du rôle social qu'on leur demande de jouer.) Ce qui compte le plus, c'est la façon d'en parler, et c'est là qu'on peut faire toute la différence entre un discours inspirant ou un discours qui tombe à plat.

J'ai roulé ma bosse sur à peu près toutes les routes du Québec. Dans une multitude de villes, petites et grandes, j'ai exercé mon principal talent: parler, et parler en public. C'est devenu au fil du temps un complément naturel à mon rôle d'animateur à la télévision, rôle qui m'a fait connaître de tous les Québécois.

J'ai pu constater, dans mes tournées et tout au long de ma carrière, que la plupart des gens qui occupent des postes de responsabilité sont foncièrement des êtres de communication. Or, parler à son monde, c'est très différent de parler devant un public constitué de parfaits inconnus. Comme leaders, ils ont connu du succès, et il n'y a aucune raison pour qu'ils ne puissent pas obtenir également du succès en situation d'entrevue avec les médias ou de conférence devant un large public. Je veux les aider à relever ce défi, en leur offrant mon témoignage et en leur révélant des trucs du métier de commentateur, d'animateur et de journaliste. En leur fournissant des outils, mais aussi en faisant comprendre à ces gens qu'ils seront bien meilleurs avec une bonne préparation.

Je m'adresse avant tout aux personnes en autorité qui, par leur fonction ou leur position dans l'organisation pour laquelle elles œuvrent, ont ou auront à prendre la parole en public à un moment ou à un autre de leur carrière. Mais par l'entremise de ce témoignage, je souhaite également rejoindre tous les gens qui s'intéressent à la communication et au discours public. Les trucs et conseils contenus dans ce livre peuvent servir dans un parcours professionnel comme dans la vie de tous les jours.

Dix mille heures plus tard...

Au cours de ma carrière, des organismes de toutes sortes ont fait appel à moi pour présenter à des auditoires des discours sur différents sujets, ou tout simplement pour parler de mon métier. Mon épouse et moi-même avons fait le tour de la province plus d'une fois alors que j'étais invité ici et là à titre de conférencier. J'ai ainsi donné près d'un millier de conférences et animé des dizaines de congrès. C'est vous dire que j'ai eu amplement l'occasion de me forger une excellente expérience de la prise de parole. Et c'est sans compter les milliers d'heures de télé et de radio que j'ai à mon actif en tant qu'animateur! J'ai donc largement atteint la marque des dix mille heures de pratique, établie par Malcolm Gladwell dans son livre *Outliers*[1] comme référence indiquant la maîtrise parfaite d'une discipline.

Vous comprendrez d'autant mon insistance sur la préparation et le nombre considérable d'heures qu'il faut consacrer pour devenir un orateur accompli ou un conférencier hors pair. C'est une chose d'accepter une invitation à parler en public, c'en est une autre de le faire sur une base régulière. Un orateur ne peut pas partir en tournée comme le fait un chanteur, avec la même prestation et les mêmes chansons, parfois en puisant dans un répertoire ancien, comme Roch Voisine qui doit sans cesse interpréter sa chanson *Hélène* ou Jean-Pierre Ferland avec *Je reviens chez nous*. Vous devez non seulement vous renouveler, mais surtout adapter votre discours en fonction de l'auditoire qui vous écoutera.

Partout où j'allais quand je partais en tournée de conférences, je me faisais un devoir de savoir, avant d'être sur

---

1. Malcolm Gladwell. *Outliers, The Story of Success*, Penguin, 2011.

place, quels étaient les enjeux de la ville, de la municipalité ou de la communauté que je me préparais à rencontrer. J'échangeais avec les organisateurs afin de connaître la composition de l'assemblée, ce qui me permettait d'adapter et de personnaliser davantage mes propos. Cette marque d'attention est toujours appréciée de la part des gens à qui vous vous adressez.

Ce ne sont là que quelques-unes des leçons sur la prise de parole que j'ai acquises avec le temps et que je veux maintenant vous faire partager.

La timidité n'est pas une excuse

À vingt-trois ans, lorsque je me suis présenté à une station de radio pour gagner de quoi boucler mes fins de mois, j'étais loin de me douter que quarante ans plus tard, je me risquerais à faire part de mon expérience dans un livre en vue de fournir des conseils à ceux et celles qui, au cours de leur vie, auront à prendre la parole devant un auditoire. Quand j'ai commencé à envisager ce projet, j'ai regardé mon propre cheminement, celui d'un gars au tempérament timide qui a eu un jour à sortir de sa coquille. Un gars qui est devenu un professionnel de la communication après avoir surmonté sa peur initiale d'aller vers les autres. Car la communication est un acte de partage et de rencontre avec l'autre – c'est là l'essence de mon propos, mais j'y reviendrai. Nous, humains, sommes tous des êtres de communication. Quand nous prenons la parole, nous célébrons cette qualité humaine avec dignité.

Nous verrons d'abord comment l'on peut surmonter sa timidité, puis comment se préparer à prendre la parole en public, comment bâtir son discours pour être bien compris de ses auditeurs, en exerçant sa voix et en maîtrisant les moyens pour capter l'attention. Nous aborderons aussi les qualités d'un bon discours et l'importance primordiale de la tenue vestimentaire, de l'apparence et de l'attitude en général.

Enfin, je vous dévoilerai des trucs du métier et vous indiquerai les pièges à éviter quand on s'adresse à un public. C'est une odyssée qui vous paraîtra peut-être un peu stressante au début, mais l'expérience vous en semblera tellement gratifiante quand vous jouerez enfin votre rôle d'orateur ou d'oratrice, en plein contrôle et en pleine possession de vos moyens pour séduire, convaincre ou influencer votre auditoire.

Maintenant, préparez-vous. Le maître de cérémonie vous fait signe. Il est temps de monter sur la scène. Dans trois, deux, un... À vous de jouer !

CHAPITRE 1

Nous sommes des êtres de communication

(Même si ça ne paraît pas toujours)

Quand on y pense, toutes les grandes étapes de la vie sont des événements de communication, d'interaction, de relation sociale. Qu'il soit introverti ou extraverti, l'être humain est foncièrement un être social. On se définit comme être humain par la communication, dès le berceau. Le bébé qui pleure entre en contact avec son monde en lui faisant savoir qu'il est inconfortable, qu'il a mal ou qu'il a faim. De la même façon, le poupon sourit d'aise et de joie en reconnaissant le visage de sa mère.

Durant toute la vie, on communique. Peu importe ce que l'on fait, qui l'on est, d'où l'on vient, notre vie entière est un acte de communication. Avant d'ouvrir les yeux jusqu'au moment de les fermer à jamais, nous sommes objet de communication et le demeurons, pour nous-mêmes ou pour les autres. Cela est manifeste bien avant et bien au-delà de la conscience que nous avons de nous-mêmes, de l'attente que nous avons suscitée avant notre naissance jusqu'au souvenir que l'on gardera de nous après que nous aurons quitté ce monde.

Si nous sommes tous des êtres de communication, il n'en demeure pas moins que cette disposition naturelle doit être canalisée, entraînée et mise en forme. Dans l'exercice de notre volonté de communiquer, nous devons respecter des règles fondamentales pour que la communication puisse prendre tout son essor et produire tout son effet. Savoir communiquer, c'est une forme de pouvoir, un outil qui offre une assurance et permet un contrôle sur son environnement. À cet égard, la communication peut s'avérer un art redoutable ; elle est aux mots ce que l'art martial est aux poings. Il est bon d'en connaître les secrets, mais il faut s'en servir avec dignité et respect.

Surmonter la timidité

La crainte de parler en public, peu importe la taille de l'auditoire ou sa composition, est profondément enfouie en nous. Souvenez-vous du moment où vos parents vous invitaient à chanter ou à réciter un poème à l'occasion d'une fête de famille. Vous étiez pris d'un frisson, puis de chaleurs, ou encore de palpitations accompagnées d'un serrement de gorge et d'une sensation d'inconfort commandée par la vessie. Quel moment pénible où vous auriez voulu que le monde s'arrête ! Pourtant, vous ressentiez en même temps un vertige qui à la fois vous incommodait et vous transportait. Une fois la torture terminée, vous étiez envahi par un mélange d'émotions contradictoires : incertitude et fierté, euphorie et fatigue. En fait, vous vous étiez surpassé, comme l'athlète au terme de l'effort et de la performance qu'exige sa discipline. Et – surprise – vous aviez survécu à l'épreuve !

La timidité fait partie de notre profil personnel. Elle affecte chacun d'entre nous à des degrés divers. Elle constitue en fait l'enveloppe qui nous protège, qui nous empêche de nous livrer sans pudeur et de nous dévoiler à la face du monde. Ce n'est pas une tâche facile, mais il est possible de la surmonter. Ce que vous allez dire au moment de prendre la parole n'est pas représentatif de toute votre personnalité ni de tous vos talents.

Vous pouvez prendre la parole sans mettre en jeu l'ensemble de votre personne et de votre vie. Monter sur un podium, ce n'est pas monter à l'échafaud; se jeter à l'eau n'est pas synonyme de noyade. Il faut apprendre à communiquer comme on apprend à nager. Votre objectif n'est probablement pas de traverser la Manche, mais au moins de pouvoir y tremper les pieds. Peut-être ne pourrez-vous pas vous débarrasser entièrement de votre timidité, mais vous pourrez parvenir à une maîtrise grâce à laquelle vous livrerez votre message avec plus de sérénité.

Vous êtes en train de vous convaincre que vous pouvez surmonter votre timidité, et déjà un autre malaise vous envahit: que va-t-on penser de vous? Ne vous inquiétez pas. Les gens qui vous entourent depuis des années ont arrêté il y a longtemps leur opinion à votre sujet, et vous n'en avez probablement même pas été conscient. Ce que ces gens pensaient de vous ne vous préoccupait pas, ne vous empêchait pas de fonctionner et de vous acquitter de vos obligations, d'atteindre vos objectifs ou de relever de nouveaux défis.

Prendre la parole devant un groupe, c'est l'occasion de projeter une image de vous pendant quelques minutes. Ce n'est pas toute votre vie qui est exposée, ce n'est pas votre âme que vous livrez au cours de votre allocution. Vous portez un message avec ce que vous êtes et avec votre personnalité. C'est tout, ni plus ni moins.

Communiquer, c'est se compromettre

À cause de la gêne et de la timidité, on s'enferme, on se refuse à communiquer. Selon moi, on le fait pour éviter de se compromettre. Mais comme nous sommes des êtres de communication, et ce, dès la naissance, nous n'avons pas le choix d'échanger, de sortir de nous-mêmes ! Si je vous dis que la communication est un acte compromettant, m'accuserez-vous d'être de mauvaise foi ? D'aggraver votre crainte de la prise de parole en public ? Rassurez-vous, ce n'est pas mon intention.

Ce que je veux dire par là, c'est qu'en prenant la parole, vous allez vers les autres, vous vous exposez au jugement des autres. En même temps, vous vous ouvrez à eux et ils vous renvoient le reflet de ce que vous êtes. C'est vrai pour le look, c'est vrai pour le propos, c'est vrai pour l'attitude et, surtout, c'est vrai pour votre capacité d'échanger avec les autres. Tout ça est très compromettant, quand on s'arrête à y penser, car ça vient vous chercher dans votre propre perception de vous-même.

Autrement dit, dès que vous prenez la parole, vous vous définissez face aux autres et les autres se forment une image de vous en retour. Voilà une des raisons pour lesquelles parler en public, surtout devant un grand groupe, peut faire peur, car fondamentalement on redoute toujours un peu le jugement des autres. C'est humain. À cet égard, nous sommes tous de la même étoffe. Mais l'art oratoire, c'est quelque chose qui se travaille, et qu'on doit prendre au sérieux quand on accepte de se prêter au jeu de la conférence, de la causerie ou du séminaire où l'on sera mis en vedette.

Si vous devez agir à titre de conférencier ou de conférencière, dites-vous que la plupart des gens qui se sont déplacés pour vous entendre sont bien disposés à votre endroit. Ils sont là pour vous écouter. Ils sont d'emblée sympathiques, à moins que l'événement se déroule dans un climat de conflit ou de tension. Ils vont évaluer ce que vous dites, évaluer votre performance, mais de façon générale, ils seront plutôt ouverts à ce que vous avez à dire. Donc, rien au départ ne justifie d'avoir peur, d'avoir les genoux tremblants, la gorge serrée ou les mains moites. Pourtant, vous avez bel et bien l'impression d'étouffer...

Parler, c'est déjà un peu se vendre

Certains diront que pendant la plus grande partie de sa vie, on doit vendre ou se vendre. C'est effectivement le cas. Et comment vend-on, comment *se* vend-on ? Par la communication, bien sûr, et le plus souvent par la communication orale. Voilà qui est non seulement compromettant, mais fort utile pour avancer dans un métier ou une profession.

J'entends déjà les objections. « C'est bien beau tout ça, me direz-vous, mais les gens gênés ou très timides, ça existe. La prise de parole, pour ces personnes, c'est un obstacle plutôt qu'un moyen d'aller vers les autres ou de se vendre. Ce n'est pas donné à tout le monde de savoir parler en public et d'être à l'aise dans de telles situations. » J'en conviens, nous ne sommes pas tous appelés à devenir des Barack Obama, mais je sais qu'il est possible de surmonter sa timidité et de performer en public, même si on ne semble pas doué pour la parole au départ. Plusieurs comédiens, maladivement timides de nature, pourraient en témoigner... et j'en suis moi-même un bon exemple.

Le pouvoir de la parole

Jean-Luc Mongrain, un timide ? Allons donc. Et pourtant, c'est le cas. Préadolescent, j'étais plutôt petit et frêle, ce qui ne m'avantageait pas en société et renforçait ma timidité naturelle. Étant enfant unique, je n'avais ni frère ni sœur avec qui parler et avec qui me confronter, me mesurer. J'étais le plus souvent en contact avec des adultes; mes premières relations d'interaction se sont établies avec mes parents et avec les amis de mes parents. Mon père, sachant que j'étais réservé et timide, faisait exprès de m'inciter à parler en présence des adultes. Il lui arrivait même de faire taire les gens pour m'inviter à prendre la parole. Il disait: « Jean-Luc a quelque chose à dire. Vas-y, Jean-Luc. » Quand je le raconte, certaines personnes trouvent ça un peu particulier… Cependant, ça démontre que même si j'étais timide, j'avais toujours le droit de m'exprimer dans ma famille.

Pour mon père, qui avait le sens oratoire et qui aimait raconter des histoires, c'était une façon de bâtir ma confiance. Il avait de l'entregent – des *social skills*, comme on dit en anglais –, une qualité qu'il souhaitait sans doute m'inculquer. Mais ce n'est que plus tard, alors que je terminais l'école primaire, que j'ai eu vraiment l'occasion de sortir de ma coquille. Je le dois à mon professeur de septième année. En milieu d'année scolaire il m'a désigné, je ne sais par quelle intuition, pour réciter un monologue, intitulé *Le cri de la conscience*, à l'occasion du spectacle de fin d'année.

Pensez donc. Demander à un timide de se donner en spectacle. Et pourtant, c'est grâce à ce professeur – un dénommé Jules Martel que j'ai eu l'occasion de remercier plus tard sur un plateau de télévision – que j'ai brisé les barrières de ma timidité. Du même coup, et ce n'est pas exagéré de l'écrire, ça a changé ma vie.

Je n'avais pas le physique du jeune premier, loin de là. Je ne jouais pas d'un instrument de musique, je ne savais pas chanter, bref, je n'avais pas de talent particulier pour impressionner mes camarades de classe. Mais j'avais une voix, et je me suis bien préparé pour réciter le fameux monologue. Quand l'heure du spectacle de fin d'année a sonné, j'étais prêt pour le saut, et ça a été pour moi un formidable déclencheur.

J'ai livré mon monologue sans fausse note, et j'ai alors ressenti une forme d'exaltation. Pas parce que j'étais devenu subitement populaire, mais en raison de ce que je découvrais : *c'était moins gênant d'être sur la scène que d'être dans la salle.* Cette découverte, cette impression d'être sûr de moi face à une salle suspendue à mes lèvres et à mes gestes, est restée gravée en moi pour le reste de ma vie. Chaque fois que j'ai eu à parler en public, j'ai ressenti la même chose.

Ce soir-là, je savais ce que j'avais à faire et à dire, j'avais appris ma gestuelle, je m'étais préparé. Qu'il y ait eu cinq cents ou mille personnes pour m'écouter, ça n'aurait rien changé. Je pouvais donner ma performance, j'étais prêt. Je savais aussi que personne dans la salle ne pouvait faire ce que je faisais. Personne n'avait idée de ce que j'allais dire. Si j'avais été dans l'auditoire, je n'aurais pas pu me mesurer à eux, avec mes quatre pieds dix et mes soixante-cinq livres, mon visage imberbe jusqu'à une puberté tardive et mes bras trop longs pour ma taille. Je sentais que les gens étaient un peu admiratifs, et même s'ils ne l'avaient pas été, j'avais la satisfaction d'avoir accompli quelque chose qu'aucun d'eux n'était en mesure de réaliser à ce moment-là.

Pour moi, ça a été un moment décisif, une révélation, et j'ai fait de ce monologue un outil marquant pour mon avenir.

Quand je suis entré au collège, je me suis inscrit à un concours d'amateurs. J'ai présenté le même monologue et j'ai gagné le premier prix. J'ai été invité ensuite à me produire au concours des grands. Encore une fois, j'ai connu le succès, ou du moins ce que je percevais comme un succès. En quelques jours, je m'étais fait connaître des six cents étudiants du collège. En deux soirées – deux fois sept minutes –, tout le monde me connaissait. C'était une sensation grisante au possible. Je me démarquais, je franchissais le mur de ma timidité.

Inutile de dire que la confiance en soi du grand timide a reçu une dose massive de vitamine. C'est cette confiance qui m'a incité par la suite à me présenter chaque année comme président de ma classe et, en fin de parcours, comme président du conseil étudiant. Je venais de découvrir mon talent : la prise de parole et la communication publique. C'est ce même talent qui me permet, encore aujourd'hui, de capter l'attention du dernier auditeur au fond de la salle.

C'est cette confiance que j'aimerais maintenant vous aider à acquérir. Tôt ou tard, l'occasion vous sera donnée de livrer votre « performance ». Quand vous aurez connu vos premiers succès, croyez-moi, vous deviendrez impatient de retourner sur la tribune pour prononcer un nouveau discours. Mais attention. Vous devez y mettre du vôtre et, surtout, bien vous préparer.

Nous vibrons aux mêmes émotions

Peu importe le sujet de votre conférence ou le poste que vous occupez, rappelez-vous que le dénominateur commun des gens dans la salle, avant même de connaître leurs origines, leurs centres d'intérêt, leur fonction ou la raison pour laquelle ils sont présents, c'est qu'ils sont d'abord et avant tout des êtres humains. Comme vous, ils vibrent aux émotions. Il est donc important que votre discours porte une certaine charge émotive. Chacun se sentira davantage captivé par vos propos, parce qu'il vibrera à la même émotion.

Les expériences de jeunesse offrent un bon terreau pour amener l'émotion dans un discours. La joie que vous avez ressentie lorsque vos parents vous ont fait cadeau de votre premier petit chien, la passion qui vous a envahi au début de votre première relation amoureuse, la peur panique que vous avez éprouvée lors de votre premier saut en parachute. Il s'agit bien sûr de choisir vos exemples afin de bien illustrer le propos que vous livrez. L'objectif ici est de capter l'attention du groupe sur un mode moins intellectuel, plus personnel, à fleur de peau.

Peu importe le rôle que vous jouez dans la société et le sérieux de votre discours, l'émotion est un moyen de communication efficace.

À travers le souvenir de jeunesse que je viens de vous raconter, vous avez compris qu'il est possible de surmonter sa timidité et de bâtir sa confiance en prenant la parole en public. Vous êtes capable, comme toutes les personnes composant l'auditoire devant lequel vous parlerez, de curiosité et d'émotion.

La table est donc mise pour commencer à vous exercer comme futur conférencier ou future conférencière. Maintenant, posons-nous une question simple, à laquelle nous tenterons de répondre au prochain chapitre: pourquoi choisir de prendre la parole?

Faites le test

INSPIREZ-VOUS D'UN SOUVENIR HEUREUX

Remontez dans votre passé. Rappelez-vous les premières fois où vous avez dû parler en public : devant des invités de la famille, devant une classe, dans une pièce de théâtre amateur. Comment vous sentiez-vous ? Comment avez-vous surmonté votre peur, le cas échéant ? Essayez de vous rappeler votre souvenir le plus positif et gardez-le en mémoire lorsque vous serez invité à faire une allocution. De la même façon, souriez et balayez la salle des yeux dans les premiers instants de votre discours, à la recherche d'un visage souriant. Vous vous trouverez alors en territoire positif, et vous pourrez commencer à parler.

Résumons

- Il faut apprendre à communiquer comme on apprend à nager, c'est une question de survie !
- En prenant la parole, vous allez vers les autres.
- Les gens qui se sont déplacés pour vous entendre sont plutôt bien disposés à votre endroit.
- Parole de timide : il est possible de surmonter sa timidité et de performer en public.
- Votre auditoire est composé d'êtres humains qui, comme vous, vibrent aux émotions.
- Le recours à l'émotion grâce aux souvenirs de jeunesse, aux anecdotes personnelles, est un moyen de communication efficace.

CHAPITRE 2

Pourquoi choisir de prendre la parole ?

S'adresser à un groupe, petit ou grand, engage entièrement la personne qui décide de le faire. Inévitablement, cela peut provoquer une réplique. On a donc avantage, au moment de prendre la parole, à être conscient que le droit de parole appartient à tous. Il faut bien analyser le cadre particulier de notre communication et tenter de prévoir les réactions qu'elle pourrait susciter. Prendre la parole est un moment fort dans une société où souvent l'on fait grand cas de la majorité silencieuse. En prenant la parole, nous décidons de prendre une place qui jusqu'alors était inoccupée, dans un champ d'activité précis qui peut être d'intérêt public.

Pourquoi la parole plutôt que l'écrit ?

La parole est une faculté naturelle que l'humain utilise pour communiquer sa pensée, son message, ses volontés, son histoire ou sa culture. Dans nos sociétés occidentales modernes, nous avons perdu quelque peu le sens de la tradition orale, que de nombreuses communautés possèdent toujours aujourd'hui. Cependant, il arrive encore qu'on entende dire : « Oui, ça, c'est mes grands-parents qui me l'ont dit… » Dans certaines conversations, on se fait aussi parfois demander : « Où as-tu entendu cela ? » Depuis toujours, la transmission d'informations se fait par la parole, bien avant l'écriture. Si j'aborde le sujet, ce n'est pas pour opposer les deux moyens de communication que sont la parole et l'écriture, mais pour vous faire saisir le pouvoir de la parole, qui nous échappe peut-être un peu de nos jours.

Nous avons tous appris à communiquer par la parole avant de savoir écrire. Nous avons été éduqués en écoutant et en comprenant le « non » des parents, le « je t'aime » de maman et papa. Nous avons en premier lieu nommé les choses pour ensuite apprendre à les mettre en forme par la technique de l'écriture. Encore aujourd'hui, beaucoup de gens d'ici et d'ailleurs ne savent ni lire ni écrire, mais communiquent entre eux par la parole. Ils expriment leur monde et leur pensée par la voix, ils n'ont que ce seul moyen pour entrer en relation avec les autres. Devant l'abondance de moyens de communication qui nous sont offerts dans les pays développés, la parole parfois se perd dans un déluge de mots et d'opinions. Oui, bien sûr, me direz-vous, et pourquoi pas ? Mais il faudrait éviter d'en venir à se priver de livrer nos pensées, nos idées et notre message dans un mode plus immédiat et plus direct.

On pourrait croire qu'il est plus facile et moins compromettant de choisir la communication écrite en lieu et place de la technique orale. Attention ! Ce n'est pas parce que vous n'êtes pas physiquement devant un microphone, une caméra ou un auditoire que vous êtes davantage en sécurité. Votre propos, même écrit, suscitera une réaction, et il est fort probable qu'il entraînera toute une chaîne de rétroaction ou produira un effet domino. C'est encore plus notable à l'ère de Twitter et de Facebook: vos écrits peuvent se répandre comme une traînée de poudre en un battement de cils.

Prendre la parole avec des mots écrits noir sur blanc, à n'en pas douter, est une fausse sécurité. Tout ce que vous aurez évité, c'est d'être physiquement le porteur du message face à un public. De plus, il est possible que choisir la communication écrite vous ait mal servi. Avez-vous craint de surmonter votre timidité, de ne pas trouver les mots, de vous retrouver seul sur une tribune ou à une table de conférence de presse ? Autrement dit, avez-vous raté une belle occasion de vous affirmer ?

À l'ère des médias sociaux

La montée en flèche de l'utilisation des médias sociaux favorise la diffusion de l'opinion, mais nous éloigne de la prise de parole. Un blogue est un texte et non une prise de parole devant un auditoire ; une vidéo est une communication unilatérale ; un message sur Twitter est efficace, mais un message composé d'un maximum de cent quarante caractères, ça n'a rien à voir avec la prise de parole en public.

La période de soulèvements étudiants (printemps érable) que nous avons connue au début de l'année 2012 a montré les deux faces de la communication moderne. Les messages de base et les informations utiles passaient par les médias sociaux, reliant tous les protestataires entre eux, mais pour haranguer leurs partisans, mettre de la passion, convaincre, faire saisir les enjeux, les leaders étudiants ont pris la parole sur les ondes et devant la foule.

Je ne porte pas ici de jugement sur leur cause, mais il nous faut reconnaître l'efficacité de leur intervention publique. On peut même avoir une certaine admiration pour le courage qu'ils ont démontré par l'entremise de leurs prestations. J'ai entendu de nombreux commentaires du genre : «Ils l'ont, les jeunes, ils ne sont pas gênés, ils s'expriment bien. » En effet, on a retenu les qualités d'orateurs de Desjardins, Nadeau-Dubois et Bureau-Blouin.

Les avancées technologiques des cinquante dernières années nous ont propulsés dans un autre monde en nous permettant d'être en contact en temps réel avec, justement, l'autre bout du monde. On peut puiser à un bassin intarissable d'informations sur Internet, on peut faire savoir, d'un clic et en quelques phrases, qui nous sommes, ce que l'on pense et ce que nous avons à dire. En créant son blogue, sa page ou son site personnel, on peut dans l'intimité de son foyer s'adresser à la planète entière.

À mon sens, tout cet arsenal technologique qui accapare nos vies et nos échanges manque un peu de chaleur humaine. C'est puissant, rapide et efficace, mais on y demeure d'une certaine façon dans un univers virtuel qui contribue à dénaturer l'acte de communication lui-même. On y perd, il me semble, l'essence de la rencontre d'individus autour d'un propos livré en temps réel, bien incarné dans un corps et dans une voix. Je peux me tromper, mais la virtualité qui accompagne aujourd'hui les moyens de communication nous entraîne dans ce que j'appellerais une « désincarnation de la communication ». On constate les effets les plus pervers de cette désincarnation dans l'anonymat qui existe sur le Web, ouvrant la porte à des excès de langage et à une rudesse dans les propos qui ne cessent de m'étonner.

Cela dit, les technologies vont continuer d'évoluer, et je salue avec énormément d'admiration ceux et celles qui maîtrisent ces nouveaux outils de communication dans le respect de la langue et des personnes. Aujourd'hui, tout le monde veut s'exprimer et peut s'exprimer par l'entremise de la communication numérique. Le risque, c'est que la beauté du verbe bien tourné et bien manié soit perdue dans le flot d'information qui circule. La parole y est certes célébrée, partagée, démocratisée, mais est-elle suffisamment valorisée ? Quoi qu'il en soit, la prise de parole citoyenne est devenue un phénomène de société incontournable.

La parole vivante, incarnée dans la réalité, demeure un outil puissant de ralliement autour d'un idéal ou d'une cause. Les jeunes qui ont pris la parole durant le printemps érable l'ont bien montré, et je me rassure pour l'avenir en pensant que leurs porte-parole s'exprimaient impeccablement, au-delà du pouvoir de l'image, qu'ils ont su bien exploiter par ailleurs.

Choisir la parole

Il est clair que vous ne ferez pas l'unanimité en prenant la parole. Votre propos trouvera un écho favorable chez certains et suscitera des opinions divergentes chez d'autres. Ce n'est pas là une défaite. Au contraire, c'est normal et c'est sain. La diversité des opinions est le fondement d'une société ouverte sur elle-même et sur le monde. Vous participerez à cette dynamique, et pour cela vous devez être prêt à recevoir les compliments… et les critiques.

Le choix du mode de communication répond à beaucoup de critères qui doivent faire l'objet d'une analyse objective selon la situation : l'intérêt public, l'importance du message, la place qu'on veut occuper, l'impression qu'on veut laisser. Si vous êtes sollicité pour participer à une conférence ou à une causerie, il est essentiel que le sujet retenu vous convienne. Votre spécialité est sans doute le premier motif de votre présence, mais il se peut que l'on vous demande de livrer un témoignage, de faire part d'une expérience de vie ou d'une réflexion sur un thème donné. Est-ce qu'on vous invite à commenter une question sociale, politique ou autre qui touche l'actualité?

Pesez bien le pour et le contre avant d'accepter. Évaluez bien le risque que vos propos soient pris hors contexte, que vous serviez des objectifs qui ne sont pas les vôtres, une cause que vous n'êtes pas prêt à endosser.

Voulez-vous amorcer une réflexion collective sur un sujet ou encore minimiser un enjeu qui menace votre organisation? Êtes-vous en situation de crise? Votre organisation est-elle précipitée dans une controverse ou en est-elle l'instigatrice? Est-elle impliquée par association? Est-elle perçue comme la partie responsable ou comme la victime? Dans le doute, évaluez vos options, y compris la possibilité de faire appel à des professionnels de la communication si vous craignez la controverse et si vous n'avez pas d'autre choix que de prendre la parole publiquement. Ceux-ci peuvent vous aider à mieux encadrer votre message et à vous y tenir.

La communication interne

Je ne suis pas spécialiste dans ce domaine, mais il est clair que la parole joue un rôle primordial dans la motivation et l'engagement des troupes an sein d'une organisation. Les mots sur papier ou dans un courriel ne suffisent pas. Une page Facebook ne suffit pas. Un communiqué ne suffit pas. On dit d'ailleurs des meilleurs

PDG qu'ils passent au moins 50 % de leur temps à communiquer avec leurs employés. Et une bonne partie de ce temps se passe en réunions ou dans des échanges « sur le plancher », là où la parole domine.

Communiquer verbalement est souvent le meilleur moyen de rejoindre les employés dans une organisation. Toutes les études sur la communication interne démontrent que ce sont les rencontres face à face, ou encore en petits groupes où il y a possibilité d'échange, qui sont les plus efficaces. C'est particulièrement vrai en situation de changement, quand une direction veut amener ses employés à s'engager davantage dans l'entreprise ou à changer de comportement en matière de santé-sécurité, par exemple.

Plusieurs des patrons cités en exemple dans des études ou des livres sur le sujet étaient des adeptes du *managing by walking around*, ce qui signifie qu'ils gèrent la communication en allant à la rencontre des travailleurs dans l'entreprise. D'autres gardent leur porte ouverte et se montrent disponibles pour répondre aux questions ou aux préoccupations de leurs employés, quels que soient leur tâche et leur niveau de responsabilité.

Les membres de la famille Lemaire chez Cascades étaient célèbres pour ça. Le contact personnel, la possibilité d'échanger en groupe, l'ouverture aux solutions proposées par la base, ce sont autant de moyens qui facilitaient chez eux une communication efficace et transparente. La parole, laquelle incarnait souvent les valeurs de l'entreprise, était là encore le canal privilégié.

De ce que je sais de tous les cas auxquels je me suis frotté à la radio ou à la télévision, les actes doivent suivre la parole. Apparemment, la compagnie Enron, dont les dirigeants ont floué à peu près tout le monde dans un des pires scandales financiers aux États-Unis, avait un excellent code d'éthique et une série de valeurs inspirantes, lesquels étaient affichés aux murs dans les bureaux de la compagnie. À la fin, bien sûr, la parole seule ne suffit pas. Tout est une question de confiance et de crédibilité qui, le plus souvent, partent de l'exemple venu d'en haut.

Le dilemme du milieu des affaires

Le monde des affaires est généralement frileux. Il hésite à prendre la parole, que ce soit dans les médias ou devant un auditoire, surtout si ce n'est pas pour annoncer une nouvelle positive, un projet emballant ou un développement prometteur. Je comprends très bien cette réaction, le milieu des affaires est un univers clos, privé, qui fonctionne selon ses propres règles. Quel est l'intérêt pour une entreprise privée d'aller sur la place publique pour se raconter, répondre à des questions, révéler ses difficultés ou faire part de ses défis ? Il faut cependant savoir qu'une entreprise est aussi un citoyen, d'où l'expression « citoyen corporatif ».

Les dirigeants acceptent bien cette dénomination lorsque l'on parle de leur engagement caritatif, mais leurs entreprises sont aussi des « citoyens » lorsque leurs actions touchent l'intérêt public. Toute organisation, à un moment ou à un autre de son existence, est appelée à prendre la parole. Normalement, si la compagnie pour laquelle vous œuvrez dispose d'un service de communication, c'est aux spécialistes de ce service qu'incombe la responsabilité de bien préparer la direction ou les cadres désignés à prendre la parole. C'est vrai non seulement lorsque ça va bien, mais aussi lorsque vous êtes confronté à des problèmes qui peuvent influer sur la communauté où se déroulent vos activités.

C'est dans de tels contextes que les professionnels des communications ou des relations publiques jouent un rôle utile et déterminant, en nommant les enjeux d'intérêt collectif, en identifiant les embûches potentielles et en mettant de l'avant la manière d'y faire face. Bien des outils sont disponibles dans l'univers de la communication aujourd'hui, mais la parole, pour une organisation, demeure un moyen très puissant de se faire entendre, de défendre son point de vue ou d'établir sa crédibilité. La teneur et la qualité des messages font foi de tout dans ces circonstances, surtout en situation de crise.

Votre entreprise ne parle qu'à travers vous, vos collaborateurs ou vos cadres. Même si vous en déléguez la responsabilité à un porte-parole général ou à des porte-parole experts en contenus spécifiques, il vaut mieux vous préparer à toute éventualité où vous aurez, en tant que membre de la direction ou président du conseil, à prendre la parole. Si vous devez vous souvenir d'un seul exemple pour vous en convaincre, pensez au lamentable échec de la compagnie MMA et de son président, au lendemain du drame survenu à Lac-Mégantic. A contrario, rappelez-vous la réaction du président de Maple Leaf lors du rappel de produits durant la crise de la listériose. Son ouverture, sa transparence et sa sensibilité par rapport au sort des victimes et à l'impact sur les consommateurs demeurent un modèle du genre en gestion de crise.

L'autre exemple qui me vient à l'esprit est celui de la crise du verglas, quand André Caillé, alors président d'Hydro-Québec, et le premier ministre de l'époque, Lucien Bouchard, ont travaillé en tandem pour informer quotidiennement la population de l'évolution de la situation et des efforts des gens sur le terrain pour la rétablir. Combinée au travail formidable des porte-parole d'Hydro durant la crise, qui ont été à la fois disponibles et efficaces, la communication a joué un rôle majeur pour faire baisser la tension collective et pour rassurer les plus inquiets. La satisfaction des journalistes et de la population était complète, car on n'invoquait pas la confidentialité de l'information, comme trop souvent, pour ne pas avoir à rendre des comptes publiquement.

La parole publique, vous l'aurez compris, comporte des risques et peut avoir des conséquences sur votre vie pendant des mois, voire des années. Des ministres, des chefs de partis politiques, des chefs syndicaux et certains PDG l'ont appris à leurs dépens. Cependant, j'insiste : votre seule crainte de prendre la parole ne doit pas devenir la pierre angulaire de votre décision de communiquer ou de ne pas communiquer. Car il est clair pour moi que vous pouvez réussir. Vous pouvez apprendre à communiquer, vous pouvez en venir à maîtriser une technique efficace de communication. Ce que ça exige, c'est une bonne préparation, logique et systématique.

Faites le test

EST-CE UTILE ?

Évaluez le contexte : Le moment est-il bien choisi pour prendre la parole en public? Est-ce que je fais avancer la cause de mon organisation, ou est-ce que je risque de lui nuire?

Questionnez-vous sur votre thème : Est-ce que mon sujet apporte quelque chose de plus au débat? Est-ce que je propose un angle nouveau, une réflexion originale, une valeur ajoutée à ce que l'on sait déjà?

Validez votre sujet : Interrogez votre entourage pour vérifier l'intérêt de votre sujet ou de votre angle d'attaque. Du point de vue de l'intérêt public, est-ce utile pour la profession, pour l'avancement scientifique ou pour le progrès social?

Résumons

- En prenant la parole, vous décidez de prendre une place jusqu'alors inoccupée.
- Vous ne ferez pas l'unanimité en parlant publiquement.
- Il est essentiel que le sujet retenu pour votre intervention ou votre allocution vous convienne.
- Pesez bien le pour et le contre avant d'accepter une invitation à prendre la parole.
- La recette : une bonne préparation, logique et systématique.

CHAPITRE 3

Les principes de base
d'une communication efficace

Une des pires erreurs, pour un conférencier, est de vouloir se débarrasser rapidement de son engagement à prendre la parole en invoquant le manque de temps dû à ses responsabilités de dirigeant ou de gestionnaire. En aucun cas vous ne pouvez escamoter la préparation de votre conférence ou de votre discours en vous disant : « Je vais me débarrasser en vitesse de cette tâche que je déteste et passer à autre chose. » Hélas, ce n'est pas comme cela que ça fonctionne.

L'autre attitude, celle qui repose sur une confiance démesurée, n'est pas meilleur guide. On pense que prendre la parole, ce n'est rien de plus que parler devant quelqu'un, n'importe qui. Là encore, prudence. Si vous négligez de préparer votre discours ou votre présentation, vous courez vers une catastrophe encore plus traumatisante que le trouble que vous ressentez à l'idée de parler en public.

Prétendre que votre prestation n'a aucune importance, c'est manquer de respect à l'institution que vous représentez, à vos employés ou collègues et à votre auditoire. C'est manquer de considération non seulement envers ceux à qui vous vous adressez, mais aussi envers vous-même, car vous vous mettez personnellement en péril en tant que dirigeant, expert ou personne-ressource.

Il n'y a pas de place pour les méthodes chères aux comédiens fougueux de la célèbre LNI (Ligue nationale d'improvisation). Il faut préparer avec soin ses allocutions. Un bon discours n'a jamais l'air d'avoir été préparé à l'extrême, même si, pour en arriver à une excellente performance, il a fallu y consacrer plusieurs heures. Voici quelques conseils à cet égard.

La concision plutôt que le marathon

Il est plus difficile d'être concis que de remplir du temps. De même, il est plus important de faire comprendre son message que d'effectuer un marathon de la parole. Le plus souvent, la simplicité a bien meilleur goût, et on évite du même coup de s'étendre inutilement, au point d'endormir littéralement son auditoire. La simplicité, dans la communication, est un art qu'il ne faut pas confondre avec un propos simpliste. Bien au contraire, plus votre propos sera clair et précis, plus les mots utilisés serviront à rendre accessible le sujet dont vous traitez, plus vous vous sentirez à l'aise dans votre livraison et plus votre performance sera appréciée.

La durée d'une conférence ou d'une causerie est une notion clé, peu importe la composition de votre auditoire ou la difficulté du sujet à aborder. Vous devez toujours garder en tête la capacité de concentration de votre auditoire, et également évaluer son intérêt réel pour le sujet et non seulement l'importance intrinsèque que vous-même lui accordez. Il se peut que le sujet dont vous ayez à parler soit d'un intérêt crucial, mais cela ne garantit pas que vous capterez l'attention de vos auditeurs, ni même qu'ils vous comprendront.

La capacité d'un individu à se concentrer est très relative. Si certains font preuve d'une grande capacité de concentration, nombreux sont ceux qui ne peuvent se concentrer que s'ils sont émotivement pris par le sujet. À cet égard, souvenez-vous de la nécessité de faire vibrer un peu la fibre émotive de vos auditeurs à travers vos propos. En fait, chacun possède une capacité de concentration qui dépend du moment, de la forme, de l'environnement et du sujet traité.

C'est encore plus problématique lorsque l'on réunit en un seul espace-temps un groupe de personnes aux intérêts et motivations variés, dans un environnement qui ne leur est pas familier et où on leur impose, au même moment, d'être attentives à un sujet et à un individu. Vous comprenez donc que la qualité de votre allocution ne repose pas seulement sur votre connaissance du sujet ou sur votre réputation, mais surtout sur votre capacité à vulgariser, dans un temps limité, le sujet que vous voulez développer. Bref, ce qui compte, c'est votre performance.

Savoir capter et soutenir l'attention

Par expérience, j'ai constaté qu'il était difficile, voire impossible, de capter l'attention complète d'un groupe et de la maintenir pendant plus de trois minutes consécutives. Tout peut en effet se produire à l'intérieur de ces trois minutes. La moindre distraction contribue à déconcentrer l'auditoire : le service du dessert, un ustensile échappé, une quinte de toux, un commentaire en provenance du fond de la salle, un pépin technique, un curieux qui se trompe de local, etc.

Les perturbations possibles durant une conférence, c'est une chose. La capacité d'attention des individus en est une autre. Faites l'expérience vous-même. Prenez le temps d'écouter un prédicateur à la télé, une conférence de presse d'un politicien ou même un bulletin d'informations. Dites-moi honnêtement que votre esprit n'a pas vagabondé, qu'un mot ou une attitude du porte-parole n'a pas créé dans votre tête une association d'idées qui vous a fait décrocher durant quelques secondes. Pendant combien de temps avez-vous sérieusement porté attention au propos ? Certainement pas plus de trois minutes, même avec toute la bonne volonté du monde. Pourtant, vous étiez seul, sans que beaucoup d'éléments extérieurs puissent interférer dans votre exercice.

C'est le genre de défi qui vous attend. Lorsque vous vous présentez sur la scène, vous bénéficiez, comme nous l'avons dit précédemment, d'un capital de sympathie, mais ce capital devra passer l'épreuve du temps et de la capacité de concentration de votre auditoire. Pour y arriver, il faut d'abord que vous adoptiez l'attitude de celui qui raconte une histoire que personne n'a jamais entendue. Comme si vous racontiez à une personne un incident dont vous avez été témoin, comme si vous tentiez d'intéresser un ami au récit de votre plus récent voyage.

Tenir compte de l'auditoire

Ne tenez jamais pour acquis que les gens savent d'avance ce que vous allez leur dire. Évitez de croire que ce qui est évident pour vous l'est pour ceux à qui vous vous adressez. Sans sous-estimer les auditeurs, vous devez suffisamment respecter la démarche qu'ils ont faite en venant vous entendre pour qu'ils repartent satisfaits, c'est-à-dire en ayant compris ce que vous aviez à leur dire et en ayant appris quelque chose de votre conférence.

Un discours mémorable

Un des plus beaux discours que j'ai entendus est celui qu'a livré René Lévesque devant l'Assemblée nationale française en 1977. Dans ce discours qui faisait suite à la première élection remportée par le Parti québécois, il a d'abord fait un rappel historique très à propos qui permettait d'établir un lien entre son auditoire français et la réalité du Québec.

Il a débuté en rappelant l'époque pionnière où la France découvrait l'Amérique et y implantait sa colonie. En parlant des premiers découvreurs du Canada et d'un héros aventurier comme Pierre Le Moyne d'Iberville, et en évoquant la Gaule et Astérix pour décrire le caractère irréductible du Québec francophone, il s'exprimait avec des images que ses auditeurs pouvaient aisément comprendre. Son message était celui d'un peuple qui cherchait à s'affranchir et qui recherchait l'appui, sinon la compréhension, de la France dans sa démarche. Mais pour parvenir à cet objectif, Lévesque devait d'abord intégrer les Français à l'histoire du Québec, en faire une partie prenante. Ce qu'il a accompli avec brio.

Recourir aux images

Quand on raconte une histoire, on l'illustre avec des images. La technique des exemples puisés dans le quotidien peut vous servir si l'exemple est bien choisi et illustre adéquatement votre propos. Vous avez sans doute déjà entendu un dirigeant ou un politicien, à la veille d'un changement majeur, dire : « Quand on construit une maison, on commence par les fondations. » Une image pertinente vaut toujours mille mots, même si certaines finissent par coller aux personnages : pensez aux « deux mains sur le volant » de Jean Charest, à « la sacoche » de Monique Jérôme-Forget, à « la cage à homards » de Jacques Parizeau…

De la même façon, l'anecdote est un bon moyen de situer le sujet de façon sympathique, mais il faut prendre garde de ne pas la surutiliser, au point de faire oublier le propos ou de lui accorder plus de place qu'au thème lui-même. Dans le genre, Brian Mulroney était un maître pour captiver une salle, tantôt en relatant un souvenir tiré de ses origines modestes sur la Côte-Nord, tantôt en nous faisant revivre avec humour une de ses rencontres avec les grands de ce monde.

L'humour est un outil extraordinaire, tant et aussi longtemps que vous ne tentez pas d'être comique. L'humour qui se nourrit de finesse et d'intelligence donne un souffle à votre conférence. Mais attention ! Si l'humour commande le sourire, la farce commande le rire gras. L'humour est une brise, alors que la farce est un grand vent. La première est toujours agréable à sentir, alors que le second peut devenir agaçant.

Faites le test

UNE IDÉE, UNE IMAGE

Imaginez-vous dans la situation suivante. On vous demande de prononcer un discours dans le cadre d'un événement de votre association professionnelle. Vous êtes devant vos pairs et, pour vous, c'est encore plus intimidant que devant un public profane. Qu'allez-vous faire et, surtout, qu'allez-vous leur dire? Pensez au message principal que vous voulez transmettre, à ce que vous voulez qu'ils retiennent, et notez-le. Trouvez une image qui pourrait efficacement illustrer votre message, et notez-la. Identifiez maintenant une histoire tirée de votre expérience personnelle que vous pourriez raconter. Enfin, pensez à une façon d'introduire votre sujet au début de l'allocution, en y mettant une touche d'humour.

Prenez cet exemple. Vous êtes conseiller en ressources humaines, et on vous demande de parler de l'enjeu de la retraite chez les baby-boomers. Vous pourriez utiliser l'image de l'odomètre et du nombre de kilomètres qu'il reste aux travailleurs à parcourir avec leur véhicule, pour illustrer les changements qui ont prolongé l'espérance de vie et le moment de la retraite. Cette entrée en matière pourrait devenir le fil conducteur d'une histoire où vous parlez du kilométrage enregistré sur la voiture du père de votre père, comparé à celui sur la voiture de votre père et, finalement, à celui sur la vôtre.

Maintenant, demandez à votre auditoire: «Comment faire pour que les gens comme vous ou comme votre père soient davantage conscients, au moment de dépenser, du kilométrage qu'il leur reste à parcourir?»

Résumons

- Il n'y a pas de place pour l'improvisation. Il faut préparer avec soin ses allocutions.
- Il est plus important de faire comprendre son message que d'effectuer un marathon de la parole.
- Vous devez toujours garder en tête la capacité de concentration de votre auditoire. La capacité d'un individu à se concentrer sur un sujet est très relative.
- Il est difficile, voire impossible, de capter l'attention complète d'un groupe et de la maintenir pendant plus de trois minutes consécutives.
- Évitez de croire que ce qui est évident pour vous l'est pour ceux à qui vous vous adressez.
- Quand on raconte une histoire, on l'illustre avec des images. L'anecdote est un bon moyen de situer le sujet de façon sympathique.
- L'humour est un outil extraordinaire, tant et aussi longtemps que vous ne tentez pas d'être comique.

CHAPITRE 4

Parler, c'est s'exposer

Communiquer par la parole, c'est aller au-devant de l'autre, mais c'est aussi s'exposer à son jugement et à sa perception de nous. Je me souviens, enfant, que mon père jouait parfois avec moi en me posant des questions et en y répondant à ma place. Je me fâchais alors, parce que j'avais l'impression que ce qu'il disait ne correspondait pas à ce que je pensais, qu'il ne disait pas la vérité et qu'il avait donc une fausse perception de moi.

De la même façon, il est toujours un peu choquant de se voir en tant que son propre spectateur. Vous avez certainement déjà vécu l'expérience en regardant des photographies vous immortalisant. Pas des photos prises en studio, mais des images croquées sur le vif, au moment où vous êtes en action, sous un angle où il vous arrive peu souvent de vous observer. Vous ne vous reconnaissez pas ou, à tout le moins, vous n'aimez pas ce que vous voyez. Vous ne pensiez pas que vous étiez plus petit que votre voisin, vous auriez aimé avoir le temps de vous passer un peigne dans les cheveux, votre habit ou votre jupe arrondit votre profil, vous donnez l'impression d'avoir pris du poids… Vraiment, vous avez de la difficulté à vous aimer sur pellicule.

Maintenant, faites la même expérience avec la vidéo de votre dernière fête de famille, d'une soirée entre amis, d'une plénière de votre dernier congrès d'affaires, ou je ne sais quelle autre occasion. Vous constaterez que vous avez une façon particulière de bouger, de vous déplacer, de regarder autour de vous, de vous tenir la tête, de porter la main à votre visage. Vous n'aviez pas remarqué cette gestuelle qui vous est propre et qui, dans certains cas, pourrait s'approcher de la manie, du tic nerveux.

C'est un exercice très difficile pour l'amour-propre, pour l'ego et pour tout ce qu'affecte l'image de soi. Cette image, vue de l'extérieur, vous déplaît. Elle ne correspond pas à l'image de vous-même que vous vous faisiez dans votre tête, ni à celle qui s'était formée grâce à votre vanité ou à votre orgueil. Non, vous n'êtes pas un Adonis, vous n'êtes pas une Vénus. Mais vous êtes vous. Au moment de prendre la parole, c'est ce «vous» qui se retrouve sous les feux de la rampe.

Vous ne pouvez pas vous changer du tout au tout, devenir un autre et cesser d'être qui vous êtes, mais vous pouvez vous améliorer, sans faire une transformation extrême. Vous pouvez peaufiner votre image et ainsi contribuer à acquérir une part d'assurance. Il y a une façon de se préparer avec des techniques adéquates. Il est vrai que tout ne passe pas par l'image, mais est-il besoin de rappeler que la nature humaine juge beaucoup plus facilement sur le paraître que sur l'être?

Dans le regard de l'autre

Il en va ainsi de la caricature, qui représente souvent une forme de consécration pour la personne connue. Le maire Jean Drapeau interprété par le regretté Jean-Guy Moreau est un classique, ou encore le bouillant syndicaliste Michel Chartrand imité par Dominique Michel. J'ai vécu une expérience similaire quand Pauline Martin m'a imité à la télévision, en se jouant de ma moustache et de mes gros yeux. Une image qui est restée imprégnée en moi, vous pouvez me croire !

Il y a quelque temps, Éric Salvail m'a proposé de participer à un numéro dans le cadre du Festival Juste pour rire, ce qui justement briserait mon image de gars aux gros yeux toujours sérieux, toujours fâché. Au début, j'hésitais, car je ne me sentais pas de talent particulier comme humoriste. Puis il m'est revenu avec une idée qui m'a séduit. J'ai alors accepté de prendre le risque d'aller à l'encontre de ce que les gens pouvaient penser de moi.

J'ai fait l'ouverture d'un gala en interprétant un des deux personnages du duo Ding et Dong. Je jouais le rôle de Claude Meunier, avec les grosses lunettes et le veston en peau de vache. J'ai fait deux soirées à la Place des Arts, devant des salles combles. J'ai alors éprouvé un sentiment de libération. J'avais brisé mon image en montrant que je pouvais aussi être un gars rieur, joyeux et équipé d'un bon sens de l'humour.

Quand vous acceptez de prendre la parole, surtout si vous travaillez dans des cercles un peu rigides et conservateurs comme ceux des affaires et de la finance, vous prenez aussi un risque : celui de changer votre image en vous affirmant. Ce geste, c'est inévitable, viendra changer l'image qu'on a de vous et la sécurité que cette image vous apportait – en ce sens, parler en public peut créer une brèche. Sortir de son carcan peut signifier se mettre en péril, parfois pour séduire, parfois pour provoquer. Pierre Péladeau, le père, savait faire ça ; il n'était pas un très bon orateur, mais il savait manier l'humour et l'autodérision.

Et si votre propos est le moindrement controversé, on verra que vous êtes prêt à vous lever pour défendre vos opinions. Comme l'écrivait Winston Churchill, un autre grand maître du verbe: «Vous avez des ennemis? Bien. Cela signifie que vous vous êtes tenu debout pour quelque chose dans votre vie[2].»

. . . .

Pauline Martin, mon alter ego

Ah, l'image qu'on a de soi! Il y a quelques années, Pauline Martin, comédienne et humoriste, surprend tout le monde, moi le premier, en faisant une imitation de moi lors d'une émission de variétés. Le fait de me retrouver ainsi parodié a suscité chez moi une double réaction. D'un côté, j'ai ressenti une certaine fierté de voir mon image publique ainsi récupérée. Cela voulait dire que l'on remarquait ce que je faisais. D'un autre côté, cela renvoyait à la perception que la population avait de moi, à l'image que je projetais, en exagérant bien sûr les gestes, les traits et le propos. Les gens ont aimé ça, ils ont ri et adopté le personnage. Ils m'en parlaient beaucoup, certains m'appelaient même, à la blague, Pauline Martin. Le travail de l'imitatrice était à ce point bien fait que la caricature avait fixé cette perception de moi dans l'imaginaire populaire.

En se préparant à m'imiter, Pauline Martin a utilisé une technique intéressante pour capter ma gestuelle et en faire la caricature. Elle a visionné mes émissions en les faisant rouler en **fast forward***. Tout de suite, mes tics et gestes répétitifs ressortaient, comme me toucher la tête à tout bout de champ ou relever mon pantalon quand je sentais*

---

2. «*You have enemies? Good. That means you've stood up for something, sometime in your life.*»

qu'il commençait à pendre. Je me suis servi de la même technique par la suite pour identifier et corriger certains de mes tics les plus flagrants.

J'ai rencontré plus tard la comédienne Pauline Martin qui, au premier abord, craignait ma réaction. Alors, je l'ai félicitée pour sa performance, et remerciée pour la notoriété que l'humour et la caricature m'avaient apportée. Jamais je n'aurais pu croire que mon allure physique, ma gestuelle, mon attitude et mon langage non verbal pouvaient faire l'objet d'une telle perception. Heureusement, j'avais assumé depuis longtemps l'image que je pouvais projeter; souvenez-vous du moment où mon professeur m'avait désigné pour participer au spectacle de fin d'année!

Un jeu de miroir

Il vaut mieux assumer l'image que les gens se font de nous pour ne plus s'en préoccuper par la suite. Sans le vouloir, on porte tous une fossilisation de sa personne, une empreinte qui résiste au temps, une représentation de nous qui n'est pas entièrement nous. Il arrive souvent que les gens nous reconnaissent d'abord par l'empreinte ou l'image que l'on projette plutôt que par notre véritable nature. Ainsi, on entend parfois des commentaires qui peuvent nous surprendre : « Ce n'est pas comme ça que je vous imaginais. On ne m'avait pas fait cette description de vous, je vous croyais plus gros ou plus petit, je ne savais pas que vous étiez drôle ou gentil. »

Ce n'est au fond qu'un jeu de miroir. Il vous faut oublier cette image déformée et ne pas vous en faire. Vous n'y pouvez rien et, de toute façon, bien souvent, quand les gens parlent de vous (ou de quiconque), la vérité n'est pas l'objectif recherché. On laisse entendre que l'on vous connaît alors que souvent, ce n'est pas le cas. Vous devez aborder toute présence publique en faisant fi de ce que les gens pensent de vous personnellement.

Il est plus important de savoir ce que les gens pensent de l'organisme ou de l'entreprise que vous représentez, d'être bien au fait de la place de votre organisation dans la collectivité et de bien connaître le groupe à qui vous vous adressez en particulier. Si l'entreprise que vous représentez n'a pas bonne réputation en matière d'environnement, par exemple, vous devrez agir en conséquence et faire attention aux propos que vous tiendrez devant votre auditoire. Si votre entreprise est en situation difficile et que vous songez à lancer une forte rationalisation, là encore, il vous faudra adapter votre discours. Toute situation porte un potentiel de sensibilité, et votre capacité à percevoir ces tensions peut vous aider au moment de prendre la parole.

Dans le jeu du miroir, il peut être très utile de se voir en action. Sur vidéo, notamment, si vous avez accès à une caméra. Je vous incite fortement à vous filmer et à visionner l'enregistrement. C'est extrêmement efficace comme moyen de peaufiner son attitude et son comportement en situation de discours. Encore là, les téléphones intelligents, pour la plupart, permettent aujourd'hui d'enregistrer d'assez longs segments en mode vidéo, assez pour que vous puissiez détecter certains de vos tics ou attitudes corporelles qui peuvent déranger.

Et il y a la bonne vieille technique du miroir. Regardez-vous livrer votre texte. C'est parfois gênant, on peut se sentir ridicule en le faisant, mais c'est aussi très efficace. Si vous avez un lutrin au bureau, servez-vous-en pour vous exercer, et spécialement pour vérifier votre posture.

En vous réécoutant, portez attention à vos tics de langage. Utilisez un simple silence pour faire une pause dans le texte, plutôt que d'y aller d'un « Je veux dire… » hésitant. Le pire serait d'utiliser un tic de jeune, comme insérer « genre » tous les deux mots. En anglais, le tic fréquent est d'ajouter « *you know* » à la fin d'une phrase. Évitez autant que possible ce type d'expédient. Par contre, il n'est pas interdit de répéter une fin de phrase qu'on juge importante, pour l'appuyer. J'ai connu un dirigeant qui était habile à ce jeu. De cette façon, il renforçait ses messages les plus importants. Une manière subtile de marteler ses messages. *Une manière subtile de marteler ses messages.*

Il ne faut jamais perdre de vue que dans la communication, il y a deux joueurs à l'œuvre. L'émetteur ou transmetteur (ici : vous), et le récepteur (votre public, votre auditoire). C'est ce que nous allons aborder plus en détail au prochain chapitre.

Résumons

- Vous pouvez peaufiner votre image et ainsi contribuer à acquérir une part d'assurance.
- Il vaut mieux assumer l'image que les gens se font de nous pour ne plus s'en préoccuper par la suite.
- Vous devez aborder toute présence publique en faisant fi de ce que les gens pensent de vous personnellement.
- Il est plus important de savoir ce que les gens pensent de l'organisme ou de l'entreprise que vous représentez.

CHAPITRE 5

Parler, c'est partager

Les gens d'affaires qui sont nerveux ou éprouvent un malaise à l'idée de prendre la parole publiquement n'ont peut-être pas bien compris l'importance du partage dans l'exercice de la communication. Surtout, ils n'imaginent pas le plaisir qu'il y a à faire partager du haut d'une tribune son succès, son histoire, son savoir-faire. Ils sont dans une bulle – la bulle du boss – et ils se coupent parfois de leurs propres employés. J'ai constaté cependant que c'est moins vrai des nouveaux dirigeants, notamment dans le secteur des nouvelles technologies, où l'on sent qu'ils sont plus ouverts, plus transparents, plus connectés à leur environnement.

Sans récepteur, pas de communication

Au moment où j'ai entrepris des études en théologie – eh oui, en théologie ! – à l'Université de Sherbrooke, je voulais comprendre ce qui avait poussé toute une société à tourner le dos à la religion, quasiment du jour au lendemain. Il me semblait que nous, le peuple québécois, avions vite jeté le bébé avec l'eau du bain, comme si la spiritualité n'existait plus du tout pour nous. Ce que j'ai appris au cours de ces années, c'est que dans toute religion sont présentes des techniques de communication qui permettent d'influencer les gens au point de leur faire perdre tout sens critique. J'ai aussi compris combien il est important de savoir à qui on s'adresse dans le processus de communication.

Afin que vous saisissiez bien l'importance de connaître son auditoire pour être capable de faire passer un message, laissez-moi vous raconter cette anecdote. Au cours de mes études, le doyen de la faculté est venu un jour en classe pour nous demander si, en tant qu'étudiants, nous étions disposés à donner quelques heures de notre temps pour enseigner les sciences religieuses au niveau secondaire. Comme la matière et l'horaire des cours ne me posaient pas de problème, je me suis porté volontaire.

J'ai rencontré le directeur de l'école où je devais assurer la suppléance d'un professeur en congé maladie. Il m'a reçu sans manifester un grand intérêt pour la matière que j'aurais à enseigner. Il m'a parlé du groupe d'élèves : des jeunes filles de deuxième secondaire qui éprouvaient des difficultés d'adaptation sociale et étaient inscrites dans un programme allégé. Du jargon pour moi, dont je me souciais peu. Ce qui m'intéressait alors, ce n'était pas tellement la composition et le profil du groupe, mais plutôt cette occasion de mesurer mon savoir et de le transmettre. Le directeur m'a remis une feuille avec l'horaire des périodes de cours et un cahier du maître préparé par le ministère de l'Éducation. D'un geste, il m'a ensuite indiqué la sortie en précisant que le local se trouvait au bas de l'escalier, au bout du corridor…

J'ai emprunté l'escalier qui menait au sous-sol, puis un étroit corridor qui débouchait dans la pièce des fournaises sentant l'huile et l'humidité. Un préposé à l'entretien ne m'a pas laissé le temps de lui demander mon chemin. Il m'a dit : «Vous êtes le nouveau prof de religion ? Votre classe est là, sur votre droite.» Un petit local minable, vétuste, mal éclairé, avec vue sur la cour d'école par un soupirail grillagé et poussiéreux.

Toutes les conditions étaient regroupées pour motiver et valoriser l'apprentissage des sciences religieuses, n'est-ce pas ? Pour accroître l'aspect déprimant de la situation, disons que la matière n'avait rien de très emballant pour des ados. Ces périodes étaient plutôt considérées par les élèves comme un temps de récréation. Ajoutez à cela mon inexpérience doublée d'une grande naïveté, le tout accompagné de la prétention propre aux jeunes universitaires, et vous avez là tous les ingrédients pour produire un fiasco.

Le thème proposé dans le programme du ministère de l'Éducation était : « Dieu vous aime comme votre père vous aime. » Devant mon groupe d'élèves, je me suis donc lancé dans une tirade sur ce thème. J'avais à peine abordé le sujet qu'une main se levait au fond de la classe et qu'une magnifique jeune fille m'interpellait : « Si Dieu, y nous aime comme mon père, vous y direz que je veux rien savoir. Hier, le mien, y a battu ma mère et y m'a mise à la porte. »

Prendre le pouls de son auditoire

Quel choc ! Et en même temps, quelle révélation et quelle leçon pour moi ! Il faut savoir que la jeune fille n'était pas fermée à ce que j'avais à dire. C'était plutôt la façon, le format et l'exemple qui n'étaient pas adéquats. Je ne l'avais pas respectée, je lui avais imposé un discours qui la heurtait. Je ne m'étais pas soucié de qui elle était, et j'avais oublié qui était le récepteur dans la transmission de mon message. Quel que soit le message à livrer, avant de tenir pour acquis que son auditoire est réceptif, on a toujours avantage à en prendre le pouls. On doit cerner son niveau de réceptivité, puis aborder le sujet avec sensibilité et respect pour les individus qui composent le groupe. Il faut être conscient de ça.

Dans mon expérience avec le groupe d'élèves, le message n'est pas passé, mais ce n'est pas tant à cause du message lui-même qu'en raison de ma méconnaissance de l'auditoire et du mauvais exemple que j'avais utilisé pour véhiculer mes informations. Je vous rassure, tout est rentré dans l'ordre après discussion, mais ce fut pour moi l'occasion de comprendre un élément essentiel de la communication : celui qui diffuse un message doit trouver les axes de communication pour rejoindre celui ou celle à qui il s'adresse, sans quoi l'exercice demeure futile. Il faut qu'émetteur et récepteur soient sur la même fréquence. Il faut avoir l'humilité de se mettre dans la peau du récepteur avant d'étaler orgueilleusement son savoir. Malgré ce savoir, il n'est pas assuré qu'on sera compris si on ignore les besoins, les attentes et le degré de réceptivité de notre auditoire.

Quand j'ai fait de la radio et de la télévision par la suite, je me suis souvenu de la leçon de la jeune fille au fond de la classe. « Je suis ouverte à t'entendre, me soufflait-elle dans l'oreille, mais parle-moi dans des termes qui me rejoignent. » La première fois qu'on m'a demandé de lire une nouvelle à la radio, j'ai été horrifié par le texte qu'on me soumettait. Il était pour moi incompréhensible. Dès ce moment, j'ai commencé à écrire mes propres textes et, en m'y référant, à raconter les nouvelles en ondes plutôt que de les lire. Je savais qu'ainsi, je toucherais la cible.

Je vous propose maintenant un exercice simple à réaliser au moment de préparer votre discours, qu'il soit de votre main ou de celle d'un rédacteur professionnel. Le principe ici, c'est d'apprendre à mieux connaître le groupe devant qui vous allez parler. Les recherches sur Internet rendent la chose très facile. Vous pouvez ainsi retracer des articles ou des analyses sur l'organisation, l'entreprise ou l'organisme qui vous accueille. Mais il est également intéressant de vous informer sur ce que le groupe sait de vous et de votre domaine d'activité. En investiguant, vous risquez moins de «parler par-dessus leurs têtes», comme le veut l'expression populaire. De façon générale, mieux vaut ne jamais préjuger de ce que votre auditoire est un auditoire averti.

Faites le test

QUE SAIT VOTRE AUDITOIRE ?

Posez-vous la question : que pense-t-on, dans la vie de tous les jours, de mon secteur d'activité, de mon sujet de recherche ? Que sait la population du domaine dans lequel j'œuvre et en représentation duquel je dois prendre la parole ?

Si vous avez accès à des données statistiques à cet égard, consultez-les. Vous constaterez peut-être que les gens savent généralement peu de choses de votre domaine. S'ils en sont quelque peu informés, ils en ont une connaissance superficielle ou, pire, une perception erronée. Si les données sont pertinentes et récentes, intégrez-les dans votre présentation, ça peut vous inspirer des pistes intéressantes pour le développement du discours. Dans tous les cas, votre travail de préparation doit tenir compte des perceptions, vraies ou fausses, bonnes ou mauvaises, de votre auditoire.

La dynamique du groupe

Ce que je retiens de mes lectures et des contacts que j'ai pu avoir avec certaines communautés religieuses, c'est la force du groupe comme entité collective. Une dynamique particulière de groupe est à l'œuvre quand on gomme le caractère distinctif des individus qui le composent. Lorsqu'on donne une conférence devant un large public, c'est à ce groupe indifférencié qu'on s'adresse. Je ne suis pas en train de dire que le conférencier se retrouve invariablement en face de moutons ou de robots, mais très souvent nous avons à parler à des personnes qui ont des valeurs communes ou, à tout le moins, qui pratiquent une activité professionnelle commune les réunissant autour d'une même vision du monde.

On ne peut pas négliger l'importance de cet aspect quand on s'adresse à un groupe. Prenez par exemple les policiers et les pompiers. Imaginez maintenant que vous prononcez un discours devant un de ces publics. Ces travailleurs forment un groupe homogène, ils partagent des traits communs et même un code de fraternité utilisé justement pour décrire leur organisation. Il vous faudrait frapper fort dès le début pour les ébranler dans leur conviction d'agents consciencieux, professionnels, éthiques. La loyauté au groupe, c'est un phénomène très fort, que l'on retrouve dans plusieurs autres domaines et professions.

Un groupe, une entité

Cette loyauté ou cette appartenance très forte à un groupe peut avoir des effets indésirables quand elle confine à un certain aveuglement ou à un certain déni de la réalité.

Les gouvernements, les partis politiques et les organisations syndicales souffrent tous un peu de ce défaut à un moment ou à un autre. Ils acceptent mal d'être remis en question ou interpellés sur la justesse et la pertinence de leurs actions ou de leurs décisions. Ça me rappelle la phrase d'un autre de mes mentors quand j'étais étudiant : « Toute organisation orthodoxe, sociopolitique ou autre, va toujours trouver des arguments pour justifier son existence. »

J'ai réalisé au fil des ans combien faire partie d'une communauté est fondamental pour l'être humain. Ce besoin, qui est inscrit au plus profond de nous, c'est le sentiment d'être relié à quelque chose de supérieur à soi, que ce soit la nature, l'univers, une communauté quelconque. Ça explique pourquoi même les athées les plus irréductibles cherchent parfois à se joindre à ce qui pourrait ressembler à une église ou à participer à un rituel. Certains événements publics de chambres de commerce et d'associations ressemblent d'ailleurs à de grandes messes, avec des rites et un protocole quasi religieux. C'est assez fascinant à observer.

Ce besoin est à l'œuvre dans la dynamique d'un groupe qui se réunit pour entendre un orateur. Dans la réalité de tous les jours, l'attitude d'un groupe est souvent plus neutre comparée, disons, à celle d'une secte religieuse (pour employer un cas extrême). C'est certainement le cas d'un auditoire qui ne vit pas d'enjeu particulier par rapport au sujet abordé par le conférencier ou la conférencière. Toutefois, notre auditoire demeure une entité dont il faut être conscient. Quel est notre objectif face à cette entité ? Quel message collectif ou d'intérêt public veut-on que ce groupe retienne de notre allocution ?

Le groupe d'élites de l'Assemblée nationale française, pour René Lévesque, c'était rien de moins que la France elle-même. C'était à la France qu'il parlait, non aux politiciens individuellement.

Quels que soient vos auditeurs, il faut connaître au minimum leurs enjeux, l'actualité qui les concerne, les menaces qui pèsent sur leur secteur d'activité. Comme conférencier ou conférencière, il vous faut connaître les caractéristiques propres au groupe devant lequel vous allez parler. On doit saisir le portrait d'ensemble. Le plus souvent, un argumentaire, une trame de discours émergera de ce portrait.

Ça peut paraître paradoxal par rapport à ce que je viens d'écrire, mais il faut également tenir compte de la diversité des points de vue des gens qui composent l'assemblée. Il faut savoir que même à l'intérieur d'un groupe en apparence homogène, il peut y avoir des divergences d'opinions et des intérêts particuliers. Un des objectifs de nos recherches préalables est de connaître ces particularités.

Je vous donne ici l'exemple d'une causerie que je devais faire devant l'Ordre des pharmaciens du Québec, un ordre professionnel qui regroupe tous les pharmaciens et pharmaciennes diplômés. Mais n'allez pas croire pour autant que cet auditoire soit tout à fait homogène ! Ces gens sont bien sûr tous des diplômés et des spécialistes de la santé. Comme tels, on pourrait sans doute les rejoindre en tant qu'entité collective sur certains des grands enjeux du milieu de la santé.

Or, leur intérêt dépasse le seul fait d'être des diplômés en pharmacologie. Certains sont pharmaciens propriétaires, d'autres pharmaciens d'hôpitaux ou pharmaciens d'entreprises spécialisées en produits pharmaceutiques, d'autres encore sont enseignants. Dans ce contexte, on comprend que chacun, selon son engagement professionnel, a un regard bien à lui sur sa discipline et sur sa vocation. Lorsque j'ai eu à prendre la parole devant eux, cela impliquait pour moi de connaître les différents enjeux de leur domaine d'activité, et même les tensions qui pouvaient exister à l'intérieur de l'Ordre. À partir de là, je devais identifier quel était le dénominateur commun aux différentes facettes de leur profession. Autrement dit, je devais trouver une trame commune pour m'adresser à l'entité qu'ils représentaient et pour demeurer pertinent pour l'ensemble du groupe.

Trouver le bon filon

Dans cet exemple, il m'était essentiel de bien cerner la problématique des pharmaciens. Autrement, je risquais de faire naître des réactions négatives en laissant voir ma méconnaissance de leur domaine. Conséquemment, j'aurais sans doute perdu leur intérêt et, de ce fait, leur attention. C'est dans de telles circonstances que la dynamique du groupe peut jouer contre vous.

Il peut en être de même si vous vous adressez à une association qui regroupe des membres dont les moyens et l'ampleur de la responsabilité ne sont pas les mêmes et qui, pourtant, sont de même nature administrative. Je pense ici aux cités et villes, aux municipalités rurales par rapport aux grands centres. Tous administrent un territoire et des citoyens, chaque ville est le gouvernement le plus près du citoyen, mais force est de reconnaître que l'ampleur de leurs défis se mesure à leur taille. Pourtant, ils peuvent faire partie d'un même groupe et se retrouver devant vous en même temps, dans la même salle. Votre défi, encore une fois, sera de trouver le filon d'intérêt commun pour ce groupe hétérogène.

Une fois équipé de toute l'information dont vous avez besoin pour aborder un groupe, il est plus facile de tourner cette mine de renseignements à votre avantage. Par la blague ou la provocation, par le défi ou l'affirmation. La citation qui frappe l'imagination, la phrase assassine, l'image qui fait mouche. Vous avez fait le tour du sujet, vous avez fait vos recherches ou quelqu'un les a faites pour vous, vous avez consulté, interrogé les gens autour de vous, vous avez recueilli les données les plus pertinentes et les avez assimilées. Vous avez lu et relu votre discours, vous l'avez revu en images, vous en avez mémorisé les principaux jalons.

Maintenant, vous êtes prêt ou prête à amorcer votre conversation avec la salle. Vous allez parler à une personne, à une entité, à un groupe. Et vous allez commencer à raconter...

Raconter tout en restant à l'écoute

Ce n'est pas si difficile de raconter une histoire. Il suffit de mettre le doigt sur le dénominateur commun, la ligne directrice qui permettra de relier les faits ou les événements dans un tout cohérent. C'est pourquoi il est si important de se limiter à quelques thèmes seulement. Les plus grands experts du discours vous diront que trois idées, c'est déjà beaucoup. Utiliser une parabole, une allégorie ou une image pour illustrer une idée ou pour résumer votre propos s'avérera, dans bien des cas, très efficace. Et mieux encore, si vous êtes capable d'évoquer un exemple qui parle directement à votre auditoire, peu importe la composition de celui-ci, vous mettrez vos récepteurs de votre côté. Vous puiserez ainsi directement dans le capital de sympathie dont j'ai parlé plus tôt.

· ·

Mongrain de sel

La première émission de télé que j'ai eu l'entière responsabilité d'animer portait le titre de **Mongrain de sel.** *Le concept, tout simple, s'est décidé sur le coin du bureau du directeur de la station Télé 7 à Sherbrooke. En gros, je livrerais les nouvelles assis à un bureau et je dirais ce que j'en pensais, ferais des commentaires et demanderais aux téléspectateurs de me donner leur opinion sur le sujet. La simplicité de ce concept est renversant : un bureau, une chaise, un téléphone, deux caméras. Il y avait cependant dans cette formule tout le nécessaire pour établir un échange et une communication efficaces. Ce n'est jamais la complexité qui assure le succès d'un concept, d'une émission ou d'une performance, mais l'efficacité du propos, l'ouverture à l'autre, l'écoute et le dynamisme de l'échange.*

La formule a connu un énorme succès, avec des pointes d'audience que jamais la télévision canadienne n'avait connues à cette heure de la journée, soit huit heures le matin. Plusieurs observateurs et technocrates de l'industrie ne voyaient pas dans cette formule une émission de télévision, il manquait pour eux du décor, du visuel, de l'emballage, en fait toutes sortes d'artifices qui pourtant n'ajoutent rien au contenu. Le décor est secondaire lorsque le propos captive et que le présentateur communique.

· ·

On fait grand cas d'orateurs charismatiques à la John F. Kennedy et Bill Clinton. Plus près de nous, on pense aux Pierre Bourgault et Jean Lesage qui ont marqué les années 1960 de leurs discours enflammés. Certains discours peuvent toutefois s'avérer très efficaces sans être grandiloquents ou ostentatoires. Un des bons discours qu'il m'a été donné d'entendre est le fait d'un ancien ministre des Finances qui n'est pas reconnu pour son charisme : Raymond Bachand. Sans être un grand orateur, il a su captiver son auditoire grâce à un discours bien structuré et, surtout, d'une grande clarté.

Par ailleurs, il y a des gens qui prennent la parole en utilisant des images-chocs pour provoquer une réaction. Je pense à une sortie récente d'un chef d'entreprise bien en vue du Québec, qui a qualifié les Québécois de « B.S. vivant aux crochets du fédéral ». Ou encore à cet ancien premier ministre, qui avait dit un peu sèchement que les Québécois ne travaillaient pas assez. Ces formules-chocs attirent l'attention, certes, mais heurtent inutilement le public qui ne se reconnaît pas dans ces coups de gueule. De plus, il n'est pas certain que cette méthode contribue à faire passer le message, lequel aurait plus de chances d'être entendu s'il était livré avec plus de retenue, de subtilité et de tact.

· ·

Une leçon pour le père Péladeau

Un jour, monsieur Pierre Péladeau, fondateur de l'empire Québecor, doit prononcer une causerie dans une région reculée du Québec. Son auditoire est hétéroclite. Monsieur Péladeau étant ce qu'il est, il use de clichés habituels et de son expression favorite, KIS, pour keep it simple, tout en nommant des auteurs classiques. À un certain moment de son discours, il se met à citer en abondance une série d'auteurs, ainsi: «Comme le disaient Lamartine, Victor Hugo et Paul Claudel...» Ces références ne voulant rien dire pour plusieurs des auditeurs présents, un commentaire a surgi de la salle: «Arrêtez de nous achaler avec vos gars de Montréal. Dites-nous ce que vous, vous avez à nous dire!»

. . . .

En outre, les campagnes électorales sont bien cruelles pour les piètres orateurs, et même pour les bons qui n'ont pas le sens de la communication. Parlez-en à Michael Ignatieff, ou à un certain Stéphane Dion. Les *debaters* un peu frondeurs et verbomoteurs ont le haut du pavé. On ne saurait comparer Denis Coderre avec Gérald Tremblay, lequel est resté silencieux pendant seize longues secondes dans le cadre d'un débat électoral. Un moment particulièrement pénible pour lui et pour ceux qui voulaient l'entendre.

Les raconteurs, comme les champions du débat, ont beaucoup de succès avec leurs discours. André Bérard, ancien président de la Banque Nationale, était un conférencier redoutable à cet égard. Il savait captiver son auditoire grâce à son talent de conteur. Sur tout un discours, il parlait peut-être deux minutes de la banque. Le reste du temps, il parlait de son parcours personnel, du monde des affaires et de l'importance de la PME au Québec, le tout dans un langage coloré et imagé. On était loin d'un discours plate de spécialiste.

Cet autre vous-même que vous ne connaissez pas encore

S'il est essentiel de savoir à qui l'on s'adresse dans la communication, il est tout aussi important de savoir qui l'on est. Sans s'embarquer dans une longue psychanalyse, il peut être utile de prendre le temps d'apprendre à mieux cerner qui l'on est, de la façon la plus objective possible. On est parfois porté à être sévère envers soi-même, et on se fait une image de soi qui est une distorsion de notre vraie personnalité. Celle-ci est souvent plus complexe que ce que l'on veut bien admettre. Nous nous affublons par exemple de qualificatifs – fonceur, entrepreneur, innovateur – qui ne présentent qu'une seule facette de qui nous sommes en réalité. Nous avons l'étiquetage facile, non seulement pour les autres, mais aussi pour soi.

Vous croyez probablement être toujours le même. Dans votre esprit, vous êtes la même personne, aujourd'hui comme hier. Cependant, pour les gens devant qui vous allez parler, ce n'est pas aussi vrai. D'abord, un grand nombre ne vous connaissent pas, et ceux qui savent qui vous êtes ne savent pas ce que vous allez dire. Vous êtes déjà différent parce que vous vous apprêtez à prendre la parole. Les gens sont là pour vous entendre, donc vous n'êtes plus ordinaire. Vous sortez du groupe, vous vous distinguez malgré vous, par l'action que vous avez choisi d'entreprendre. Vous serez devant, seul, face à un parterre de personnes qui vous écouteront dans la pénombre et l'anonymat.

Vous n'êtes pas toujours la même personne dans le discours public, il faut vous défaire de cette certitude. Ce sont les motifs de votre prise de parole qui déterminent à la fois votre façon de vous présenter et votre discours lui-même. Le défi, c'est de répondre aux attentes de l'auditoire selon sa composition, de dire ce que vous avez à dire sans trahir qui vous êtes, tout en acceptant de jouer le rôle de celui qui a la responsabilité de prendre la parole.

Connaître son rôle

À quel titre allez-vous prendre la parole? En répondant à cette simple question, vous pourrez commencer le travail qui conditionnera, orientera et modulera votre discours. S'il faut connaître son auditoire, il est tout aussi important de savoir quelle facette de vous prend la parole. Si vous êtes celui qui est honoré dans une soirée hommage ou de remise de prix, vous prendrez un ton et une attitude de circonstance, à la fois solennels et détendus. Si vous êtes le motivateur des troupes pour relever un défi de taille au sein de votre organisation, le ton et l'attitude seront différents, plus volontaires et plus énergiques. Même chose si vous êtes invité à titre de personne-ressource et de conférencier expert: vous adapterez votre discours tant sur le plan du ton que de la densité du propos.

Il y a dans cette expérience quelque chose qui se rapproche du dédoublement de personnalité. C'est bien vous, devant un groupe, qui prenez la parole, mais au terme de l'exercice, ce n'est plus tout à fait vous – incroyable, non? Vous avez déjà entendu quelqu'un dire, après qu'il a fait quelque chose de très spécial: «Je ne peux pas croire que c'est moi qui ai fait ça…» C'est pourtant exactement ce qui se passe. Je ne saurais expliquer ce phénomène, mais vient un temps où dès que l'on vous invite à vous avancer, vous incarnez comme par osmose un autre vous-même. C'est maintenant l'orateur en vous qui passe à l'action.

J'entre en ondes, je joue mon rôle…

Un jour, j'interviewais Christiane Germain dont l'hôtel à North Hatley venait de brûler. Avant d'entrer en ondes, je la questionnais en ami, sur un ton familier, sur les conséquences de cette catastrophe sur ses affaires et sur sa vie en général. Christiane m'a confié par la suite que dès que la lumière rouge de la caméra s'est allumée et que le régisseur m'a donné le signal de commencer, mon visage, mon attitude et même ma physionomie ont changé. J'étais entré complètement, en quelques secondes à peine, dans mon rôle d'animateur.

Faites le test

LE « JE » ET LE « VOUS »

Revenez à la situation fictive où vous avez à vous préparer pour un discours devant vos pairs, dans le cadre d'un événement de votre association professionnelle. Reprenez le sujet central que vous avez choisi d'exposer devant ce groupe. Écrivez votre argument principal sous la forme d'une phrase simple et claire. Utilisez d'abord le «je», puis réécrivez cette phrase en utilisant le «vous». Il se peut que vous soyez porté à en changer le contenu après avoir fait la comparaison. Souvent, quand vous vous mettez dans la peau de la personne qui reçoit votre message, la perspective change. Parfois, elle change même du tout au tout.

Reprenons l'exemple du conseiller en ressources humaines qui évoque la vie de son grand-père pour amener le sujet de la retraite. Il pourrait choisir de se tourner plutôt vers l'auditoire et de lui demander: «Quel souvenir gardez-vous de votre grand-père à la retraite? Combien de temps a-t-il vécu après sa vie de travail?»

Résumons

- Quel que soit le message à livrer, on a toujours avantage à prendre le pouls de son auditoire.
- Il faut avoir l'humilité de se mettre dans la peau du récepteur avant d'étaler orgueilleusement son savoir.
- Les plus grands experts du discours vous diront que trois idées, c'est déjà beaucoup.
- Informez-vous sur ce que le groupe sait de vous et de votre domaine d'activité.
- S'il est essentiel de savoir à qui l'on s'adresse dans la communication, il est tout aussi important de savoir qui l'on est.
- Vous n'êtes pas toujours la même personne dans le discours public. Il faut vous défaire de cette certitude.
- Il est important de savoir quelle facette de vous prend la parole.

CHAPITRE 6

Parler, c'est dire quelque chose

(N'est-ce pas ?)

Décider de prendre la parole doit toujours impliquer qu'on a quelque chose à dire. Élémentaire, pensez-vous ? Combien de discours convenus ou tout simplement ennuyeux avez-vous entendus dernièrement ? Combien d'entrevues réalisées avec des professionnels de la langue de bois avez-vous visionnées récemment ? Vous vous souvenez certainement d'avoir vu à la télé ou en conférence de presse des gens qui parlent, mais ne disent rien. C'est parfois le fait de politiciens, de porte-parole professionnels ou d'agents de communication bien entraînés à qui on demande, au nom de l'organisation, d'affronter la presse sur un enjeu délicat.

Pour vous, la partie est bien différente. Votre parole se doit d'être signifiante. Vous êtes un dirigeant d'entreprise, vous êtes un décideur, une personnalité en vue. Vous êtes peut-être celle ou celui qui se trouve au sommet de la pyramide. Alors, on s'attend à ce que votre performance soit marquante. Après vous, il n'y a personne pour ajouter à vos propos, car vous incarnez l'autorité. Il est évident que dans votre discours, les phrases creuses, les clichés, les formules toutes faites, les hésitations et les « je ne sais pas » sont à proscrire. On s'attend à ce que les paroles qui sortiront de votre bouche soient pertinentes, voire décisives. Vous détenez des informations que vous seul pouvez révéler, alors on est suspendu à vos lèvres. Ce n'est pas vraiment le temps de parler pour parler. Chaque mot doit porter en lui-même une valeur forte, chaque phrase doit être construite pour assurer un effet, fournir une information pertinente ou faire avancer la compréhension d'une situation, quelle qu'elle soit.

Faisons toutefois une petite mise au point : il ne faut pas dramatiser outre mesure non plus. Chaque occasion de discours n'exige pas nécessairement que vous mesuriez chaque mot et la construction de chacune des phrases. On comprend que le cadre de la présentation puisse aussi permettre un peu d'improvisation. On aime généralement qu'un conférencier sorte de son texte et se livre davantage sur le plan personnel, soit par une anecdote, soit par une touche d'humour. Cependant, il ne faut jamais oublier que peu importe que vous receviez un prix ou donniez une conférence sur les changements climatiques, la meilleure improvisation demande une excellente préparation, et doit être appuyée sur un solide plan de discours.

Toutes les situations où vous aurez à prendre la parole n'auront sans doute pas la même gravité, mais en toute circonstance vous aurez à vous préparer. Je suis de ceux qui pensent que 50 %, voire 70 % du succès de votre discours dépend de votre préparation. Tout le reste tient à vous, à votre expérience passée et aux circonstances particulières dans lesquelles vous faites une présentation. Votre principal souci, dans tous les cas, c'est de bien livrer votre message, indépendamment de son sérieux ou de sa profondeur. Prendre la parole, c'est posséder son sujet, respecter son public, être compris et obtenir à terme l'approbation de son auditoire.

Le choix du sujet

La toute première étape, c'est de savoir ce que vous voulez dire, avant même de commencer à travailler le «comment». Si on vous suggère un thème, disons le Canada et les changements climatiques, vous aurez sans doute à faire un peu de recherche pour trouver votre angle et voir ce que vous pouvez apporter de nouveau ou d'original sur le sujet. Attention aux propos convenus ou prévisibles quand il s'agit d'un sujet qui a déjà fait couler beaucoup d'encre. Votre public risque de décrocher dès les premières lignes.

Pour capter et conserver l'attention d'un auditoire, il y a des principes simples à respecter: par exemple, la clarté, la simplicité et la concision dans le propos. Mais, encore une fois, il faut d'abord cerner un message, en choisissant un argument principal ou une idée centrale que l'on souhaite développer en tenant compte des particularités des gens qui viendront nous entendre. Combien de fois avez-vous assisté à une conférence dont vous vous demandez encore quel en était le sujet? Vous vous souvenez par contre probablement de la gêne du conférencier et du rire jaune qu'il a pu provoquer dans la salle quand il s'est égaré en cours de route. Il avait raté sa performance et sa communication.

Si on vous demande de prendre la parole, il est presque certain que l'on veut vous entendre en rapport avec un sujet que vous connaissez ou pour lequel vous avez un intérêt certain. C'est encore plus vrai si vous êtes un spécialiste du domaine, un expert de grande réputation ou un dirigeant d'entreprise fort connu. Il est probable que le sujet dont vous entretiendrez votre auditoire en soit un qui touche un grand nombre de personnes et qu'il soit d'intérêt public. Il se peut que votre propos soit repris le lendemain dans les journaux, à la radio ou à la télé. Cela ajoute à votre nervosité et à votre stress. Or, en étant préparé et conscient de l'effet que vous pouvez produire, vous serez en mesure de faire abstraction de ces écueils au moment de prendre la parole.

Truc du métier

Une fois que l'on a déterminé ce qu'on veut dire et choisi le sujet de la conférence, il importe de le développer de façon à «embarquer» l'auditoire. Pour ce faire, on bâtit un canevas qui représente en quelque sorte la trame de notre discours. Certains auteurs suggèrent de concevoir sa conférence comme un film et de structurer son discours en séquences et en images, avec des personnages et des repères historiques ou géographiques. Bref, de construire son discours comme on raconterait une histoire.

Imaginons que vous êtes à la tête d'un ministère économique et que vous prononcez un discours devant la Chambre de commerce. Votre message : le temps des subventions automatiques aux entreprises est révolu, le gouvernement agira désormais en partenaire dans les projets qui lui seront soumis. L'image que vous proposez à l'auditoire est bien connue et elle a servi bien des argumentaires : celle du plat de bonbons. Vous commencez par raconter l'histoire du plat de bonbons, comment il s'est garni au fil des ans et comment il est devenu un plat incontournable, toujours plein et toujours disponible pour quiconque voulait y piger. Puis vous en arrivez au stade actuel, alors que les entreprises se comportent comme des enfants devant le plat de bonbons qu'ils exigent comme un dû, quitte à faire une crise si on le leur refuse. Cette situation n'est plus soutenable, concluez-vous, car le plat de bonbons est bien moins garni qu'auparavant, et les entreprises québécoises sont maintenant des adultes qui doivent se comporter comme tels. Comme des partenaires, et non plus comme de simples réceptacles de la manne gouvernementale.

La règle de trois

Maintenant que vous êtes fixé sur le propos que vous allez tenir, il est recommandé de décomposer votre sujet en trois blocs. Pourquoi trois ? Parce que notre cerveau a du mal à retenir plus de trois idées, surtout dans le cadre d'un événement où la parole est à l'honneur. Trois, c'est le chiffre magique. Il représente la Sainte Trinité pour les catholiques, mais il s'agit aussi d'un nombre fondamental universel que l'on rencontre dans pratiquement toutes les religions. Si vous vous y attardez un peu et observez la façon dont nous fonctionnons en tant qu'êtres humains, vous constaterez que la règle de trois est partout.

Le chiffre trois exprime un ordre intellectuel que l'on trouve dans la structure même de la phrase : le sujet, le verbe et le complément. La règle de trois se manifeste également dans la façon dont nous retenons l'information. Un numéro de téléphone décomposé en trois segments, comme ceux du Canada, est plus facile à retenir qu'un numéro européen (faites le test). Essayez maintenant de suivre un conférencier qui annonce une démonstration en dix points. Il y a de fortes chances que passé le cinquième, vous soyez profondément endormi ou que vous ayez complètement oublié de quoi il était question au départ.

Donc, structurez votre discours de la façon la plus simple et la plus logique possible, avec un développement qui se déroule en trois grandes séquences. D'entrée de jeu, vous expliquez à votre auditoire ce dont vous voulez l'entretenir et présentez les trois séquences ou thèmes qui vous mèneront à la conclusion. Ensuite, vous reprenez chacun de ces thèmes en les étayant avec des explications courtes, des exemples et des anecdotes. Le plus possible, parlez en images, car elles captent davantage l'attention de vos auditeurs et demandent moins d'effort du récepteur que les concepts intellectuels plus hermétiques. Rappelez-vous que pour être efficace, vaut mieux être bref que de trop en mettre pour épater la galerie. Trouvez votre style, avec des mots justes, simples et précis ainsi que des exemples qui frappent l'imaginaire; c'est la recette du succès.

Faites cheminer l'auditoire

Reprenons l'exemple du discours qu'a livré René Lévesque à l'Assemblée nationale française en 1977. Il amorce son allocution en exprimant sa reconnaissance pour l'invitation exceptionnelle qui lui a été faite de s'adresser à la nation française et au monde, puis il expose ce dont il va les entretenir en trois éléments :

1. l'histoire d'un peuple qui pendant longtemps s'est fait oublier pour survivre;
2. un peuple qui doit aujourd'hui s'affirmer pour durer;
3. et un peuple qui a besoin de s'affranchir collectivement pour s'affirmer dans un environnement majoritairement anglo-saxon.

On voit bien la manière de situer son auditoire dès le départ par rapport au sujet que l'on s'apprête à développer. L'auditoire ici n'est pas surpris. Le parti indépendantiste de René Lévesque vient d'être élu, on s'attend donc à ce que le premier ministre du Québec s'explique sur le projet qui est au centre de son engagement politique. Mais pour que ce projet soit bien compris, l'orateur doit faire cheminer son public vers sa conclusion. On pouvait d'ailleurs présumer que les dignitaires et politiciens français formant son public, à la fois proches et loin du Québec, en connaissaient bien peu de choses. En mettant en scène le général de Gaulle comme un président éclairé qui, lui, avait compris la réalité particulière de cette lointaine province où survivait le fait français, Lévesque les gagnait déjà un peu à sa cause.

Durant votre discours, il est utile de resituer votre auditoire par rapport au plan que vous avez exposé au début. Vous avez peut-être des aide-mémoire en main, un texte avec des repères et des sous-titres surlignés, mais l'auditoire n'a rien de tel pour vous suivre. C'est pourquoi il aimera être bien orienté au fil du déroulement de votre présentation. De plus, ça vous permet de faire une pause, de vérifier que vos auditeurs vous suivent bien et de leur accorder le temps d'assimiler votre propos, d'autant plus s'il est un peu complexe.

Enfin, vous concluez en revenant sur le sujet principal afin de produire ce qu'on appelle l'effet CQFD : Ce Qu'il Fallait Démontrer.

Dans sa conclusion, René Lévesque en appelait à la compréhension et à la sympathie du peuple français face à la décision que s'apprêtait à prendre le Québec pour son avenir, aux relations privilégiées et fructueuses des deux nations qu'il faudrait préserver quelle qu'en serait l'issue. Car l'objectif, ne l'oublions pas, n'était pas de donner un cours d'histoire du Québec aux élites françaises, mais bien de les rendre sympathiques à la cause souverainiste en faisant appel à la fois à la raison et aux émotions. La raison : les liens historiques entre le Québec et la France et la responsabilité de celle-ci quant à la survie de la francophonie en terre d'Amérique. Les émotions : l'amitié et la fraternité unissant les deux peuples en dépit des soubresauts de l'histoire.

· ·

Un discours sur trois mythes

À l'automne 2007, peu de temps avant de quitter le poste de président du Port de Montréal qu'il a occupé pendant plus de vingt ans, Dominic Taddeo a donné un discours marquant à la Chambre de commerce du Montréal métropolitain. Ce qui m'a frappé, c'était la structure de son discours, qui s'appuyait sur la fameuse règle de trois. Il a commencé son discours en identifiant trois mythes ou idées reçues concernant le Port de Montréal. Puis, point par point, il a démoli ces mythes avec des explications imagées et chiffrées, simples mais percutantes. En conclusion, il est revenu sur les trois mythes du début en faisant la démonstration qu'aucun ne tenait la route. Finalement, le principal message qu'il voulait transmettre a fait mouche auprès des gens dans la salle : le Port de Montréal n'était pas un repaire de bandits ni un centre d'opération pour la mafia, mais bien un moteur économique indispensable et porteur d'avenir pour la ville de Montréal !

· ·

L'introduction, c'est l'accroche

Portez une attention particulière à votre introduction et à votre conclusion, pour des raisons évidentes. L'intro, c'est votre accroche, c'est le moment où vous voulez capter l'intérêt des gens et élever leur niveau de sympathie envers votre propos. Une image forte, amusante, qui met en train par rapport à ce que vous voulez dire, une courte anecdote qui amorce la suite avec le récit d'une expérience pertinente, une citation percutante qui ouvre la voie à votre sujet principal.

Imaginez-vous devant un public de démographes. Vous démarrez ainsi votre discours : « Bonsoir. C'est assez incroyable, ce qui se passe aujourd'hui au Québec. Je pense que l'immigration nous aide, mais on ne fait pas assez d'enfants et on est en train de décroître… »

Comme accroche, ou *teaser* si vous préférez, c'est pas mal. Peu importe que l'auditoire soit en accord ou pas avec votre introduction, vous l'avez provoqué suffisamment pour qu'il veuille entendre la suite : « Entre 1951 et 1960, le Québec a enregistré plus d'un million de naissances. Entre 2001 et 2010, le nombre des naissances a à peine dépassé 240 000. On peut bien sûr s'en remettre à l'immigration pour améliorer le score, mais ne peut-on pas donner une nouvelle impulsion à la natalité ? Nos incitatifs aux familles sont-ils suffisants ? Devrait-on améliorer les programmes gouvernementaux en ce sens, même dans un contexte d'austérité ? »

En quelques phrases, vous voyez, j'ai bouclé ma trame, je sais où je vais. Il me reste à étayer, étoffer, argumenter en suivant ma ligne de fond.

Voici un autre exemple pour illustrer l'importance d'une bonne introduction. J'ai eu récemment à préparer un discours pour un groupe d'assureurs. Généralement, je me donne assez de temps pour élaborer à l'avance le contenu de mon discours, et je le révise mentalement sous la douche ou quand je suis en auto, en route vers la destination où je suis attendu pour parler. Dans ce cas précis, j'avais déjà mon filon, la trame, un bon deux mois avant l'événement. En gros, aux assureurs j'allais dire ceci : « Nous sommes sur-assurés, vous êtes davantage des vendeurs que des conseillers et vous auriez intérêt à entreprendre une réflexion sérieuse sur votre métier si vous voulez continuer à prospérer. »

Maintenant, en introduction, il me fallait une accroche. Pour ce groupe, j'ai choisi une anecdote, car elle illustrait tout à fait une problématique sur laquelle je voulais les faire réfléchir. Il s'agit d'une histoire vraie. Mon père voulait une assurance vie, et un représentant en assurances est venu le rencontrer à la maison pour lui proposer un contrat. Comme mon père est diabétique, il s'est montré inquiet à l'idée de devoir passer un examen médical. Le vendeur d'assurances lui a alors répondu sans sourciller que ce n'était pas grave, qu'au pire il ferait pipi à sa place dans le petit pot ou l'éprouvette.

Quand j'ai raconté cette anecdote à mes assureurs, j'ai sciemment laissé le silence s'installer. Très vite, j'ai entendu des protestations ici et là dans la salle. J'ai alors dit haut et fort : « Attention, c'est de l'un des vôtres que je vous parle ! » Et j'ai enchaîné en questionnant les gens de l'auditoire sur l'importance qu'ils accordaient à l'éthique et au comportement de leurs collègues, dont la probité pouvait parfois être mise en doute. Et que dire de ceux qui ont à subir les contre-coups des délinquants de la profession, quelle qu'elle soit !

On n'a qu'à penser aux victimes de Vincent Lacroix ou de Earl Jones dans le secteur financier !

La conclusion doit être... concluante !

Dans tout discours, la conclusion est d'une importance capitale. C'est la suite logique, le moment culminant de votre intervention. N'escamotez pas la fin, même si vous êtes pressé par le temps. C'est un moment fort, un moment phare, tout comme votre introduction qui sert à accrocher l'attention et à positionner votre sujet. Ce sont souvent vos dernières paroles qui laisseront une empreinte dans l'esprit des auditeurs. Ceux-ci, comme lorsqu'ils vont voir un film, s'attendent à une finale, qu'elle leur plaise ou pas.

La conclusion, le « CQFD » dont j'ai parlé plus tôt, c'est le message que vous laissez aux gens avant qu'ils ne quittent la salle. C'est souvent le seul souvenir qu'ils garderont de votre discours. Donc, là encore, une image forte fera impression. Une touche d'humour pour finir ne nuit pas non plus. Si votre discours a suivi une trame logique, vos auditeurs ne pourront faire autrement que d'apprécier votre pertinence, à défaut de partager votre point de vue. L'important, c'est que vous ayez exprimé ce point de vue avec autorité, dans un langage clair, précis et, si possible, divertissant.

Après avoir quelque peu brassé mon public d'assureurs, j'ai pu les rassurer ou à tout le moins les placer sur une voie plus positive. Face à une concurrence accrue, leur dis-je, ils se devaient d'être meilleurs et d'offrir une valeur ajoutée à leurs services. Il ne suffisait plus de faire peur au beau-frère en évoquant les mille dangers contre lesquels il devait abso-lument s'assurer, ni de lui vendre la chemise qu'il avait sur le dos pour accéder au titre de vendeur du mois. L'avenir appartenait plutôt aux conseillers intègres, capables d'établir un équilibre entre les vrais besoins du client et l'offre de produits.

La conclusion de votre discours vous appartient. Elle peut ne pas plaire à vos auditeurs, mais si elle coule de source, si elle est bien amenée, elle s'impose et sera bien reçue. Évidemment, il vous faut tenir compte du contexte particulier de votre intervention. En politique, le contexte et les enjeux sont souvent déterminants du point de vue historique. On se souviendra du refus du Canada de s'engager dans la guerre en Irak aux côtés des États-Unis, une décision courageuse de Jean Chrétien, alors premier ministre.

Quand, récemment, on lui a rappelé cet épisode en entrevue, Jean Chrétien y est allé d'une boutade caractéristique qui aurait bien pu lui servir de conclusion dans un discours sur le thème de l'indépendance du Canada par rapport aux États-Unis : « Nous avons démontré que nous étions un pays indépendant, avec des valeurs différentes et une histoire différente. Pas besoin de remonter jusqu'à 1812 pour le démontrer ! » Comme l'a noté avec justesse le journaliste qui a réalisé l'entrevue, monsieur Chrétien n'avait rien perdu de ses instincts de bagarreur.

Jean Lesage a incarné la Révolution tranquille dans les années 1960. Il était, à la manière un peu grandiloquente de l'époque, un formidable orateur. Voici un exemple de conclusion de discours qui a fait date : « La question qui se présente à chacun de nous est : voulons-nous être libres ou esclaves ? Le Parti libéral offre au Canada français la chance de prendre la clé de la liberté qui lui ouvrira les portes d'une économie moderne où le chômage, la misère et la crainte ne seront que

des souvenirs d'un passé à jamais disparu. Maîtres chez nous ! »
Voilà bien un CQFD qui a traversé le temps.

Clarté et équilibre, le poids idéal du message

Tout en évitant de faire dans la langue de bois, n'oubliez pas qu'il vous faut aussi peser vos mots – rappelez-vous l'allusion aux Québécois « B.S. » qui ne travaillent pas assez –, sans pour autant diluer l'intérêt de votre propos ou de votre sujet. La tâche n'est pas simple, c'est un jeu d'équilibriste. Il faut réussir à soutenir l'attention de votre public, transmettre efficacement les messages qui sont importants pour vous et vous assurer qu'ils sont bien compris sans prêter à l'interprétation ou à l'enflure médiatique.

De plus, il faut éviter de se perdre dans trop de détails ou de créer un effet boomerang par une déclaration fracassante, à moins que cela fasse partie de votre stratégie. Vous devez ramener votre message à l'essentiel lors de la préparation de votre allocution, quitte à le répéter. Répéter, selon le *motto* (la devise) des journalistes, c'est informer. Répéter, dans une conférence, sert souvent à souligner un point important, à renforcer son message principal.

. . . .

Répéter, c'est informer

Je me remets en mémoire un professeur qui, durant mon court passage à la faculté de droit de l'Université de Sherbrooke, ne se gênait pas pour livrer de l'information et pour la répéter. Ce que l'on prenait au début pour de la redite était en fait un signal pour que nous notions l'importance du sujet : «Attention ici, disait le vieux prof, c'est important, soulignez ce passage, c'est important, je ne vous le dirai jamais assez, c'est important.» C'était loin d'être du radotage. À l'examen final, une fois en face des questions, on comprenait tout à coup pourquoi le prof avait tant insisté sur telle ou telle notion. Aujourd'hui, on pourrait qualifier ce prof de «transparent». Il avait choisi de ne pas retenir de l'information qui nous serait utile lors de l'examen, contrairement à d'autres qui préféraient ne rien dire pour pouvoir nous piéger au contrôle final.

• •

Si le message doit être clair pour vous, il faut aussi qu'il soit clair pour votre auditoire. Autrement dit, ce qui est évident pour vous ne l'est pas nécessairement pour le public. Il arrive trop souvent que des gens viennent à oublier que leur travail est une seconde nature. C'est particulièrement observable chez les grands spécialistes. Il est assez rare que la description de leur découverte ou avancée scientifique trouve le chemin de la simplicité et de la vulgarisation. Le regretté Fernand Seguin, un des pionniers de la vulgarisation scientifique au Québec, est sans doute l'exception qui confirme la règle. Par la clarté et la simplicité de son propos, il rendait la science accessible, voire passionnante.

Après avoir bien identifié son sujet, il faut choisir la forme sous laquelle on le livrera. Dans une conférence ou une causerie, on ne s'adresse pas à chaque individu dans la salle, mais à tous. D'un autre côté, il peut être utile et moins dur pour les nerfs de considérer le groupe comme un tout. Un auditeur. Une personne anonyme qu'on situera quelque part dans la salle et à qui on imaginera s'adresser en particulier.

Truc du métier

L'INDICE DE BROUILLARD (*FOG INDEX*)

Un test a été mis au point il y a plus de cinquante ans par un homme d'affaires américain, Robert Gunning. Ce dernier a conçu une formule qui permet d'évaluer la lisibilité d'une phrase en fonction du public visé, appelé *Fog Index*. Sans aller dans le détail de la formule, disons qu'elle mesure un facteur découlant du nombre de mots utilisés, de la longueur de la phrase et de la complexité des mots employés. Un texte destiné à un large public ne devrait pas excéder le score de 12, ce qui correspond au niveau de lecture moyen d'un étudiant du collégial. La note pour une lecture universelle est inférieure à 8. En appliquant la formule aux quotidiens ou magazines, on pourrait établir la nomenclature suivante : *Journal de Montréal* : lisibilité de 8 et moins ; *La Presse* : de 9 à 12 ; *Le Devoir* : de 13 à 15. Une publication scientifique, disons *Cerveau & Psycho*, le journal de la psychologie et des neurosciences, aurait un score supérieur à 19.

Bien entendu, le test est destiné à mesurer la lisibilité d'un texte écrit, mais ça vaut aussi pour l'oral. On n'a qu'à analyser les phrases et les paragraphes de notre discours en recourant à la formule, qui est disponible sur Internet. C'est simple et facile, le calculateur Web fait le travail pour vous. Vous n'avez qu'à taper *Gunning Fog Index* dans Google. Il suffit ensuite de copier et coller vos segments de texte dans le bloc indiqué, et l'application en calcule automatiquement l'indice de lisibilité.

Par ailleurs, un auteur français, François Richaudeau[3], a également conçu une grille de lisibilité des textes en fonction du ⟩

---

3. François Richaudeau. *La lisibilité,* Éditions Retz, 1969, 1976 (2e édition).

nombre de mots dans une phrase. À 12 mots, la phrase obtient la note de 100 % pour la lisibilité du message en entier. À 17 mots, le seuil de lisibilité descend à 70 %. À 24 mots, on tombe à 50 % ; à 40, à 30 % ! Encore une fois, ce qui est vrai pour l'écrit l'est aussi pour l'oral. Pour être compris, donc, gardez vos phrases courtes et vos mots simples. Vous passerez ainsi du brouillard à la clarté !

La simplicité avant tout

Déjà, le poids du nombre module la façon de préparer votre allocution. Parce qu'on parle devant un grand nombre de personnes, on ne doit pas s'embarrasser de trop de détails. Il faut s'en tenir à des pistes et à des lignes générales plus faciles à saisir pour un groupe. Recourir à des exemples tirés de votre expérience personnelle aide à faire comprendre les éléments plus complexes de votre sujet en leur donnant une incarnation, bref, encore une fois, en les mettant le plus possible en images, en les rendant vivants.

On aime les histoires, on aime entendre parler du cheminement des individus, je l'ai déjà souligné. C'est une curiosité que nous portons tous en nous. Alors, pourquoi ne pas exploiter cette veine ? Il ne s'agit pas de tomber dans la confidence, mais de relater des expériences, des défis particuliers qu'on a dû affronter, des moments de vie hors de l'ordinaire, etc. Cette façon de faire a pour effet de détendre la salle, de la laisser respirer. L'auditoire vous appréciera d'autant que vous l'aurez bien traité en n'exigeant pas de lui une attention constante qu'il ne peut pas soutenir.

Il faut établir une distinction ici. Les histoires personnelles qui viennent renforcer un argument, un point de vue, ou illustrer un sujet, c'est très bien. Parler de soi, c'est une autre histoire. Il y a un dosage à respecter. Si vous êtes invité à parler dans le cadre d'un hommage qui vous est consacré, pas de problème. On s'attend à ce que vous traitiez de vos succès, de votre parcours, de votre compétence. Mais en d'autres circonstances, il n'est pas nécessaire de refaire le cheminement de votre vie. On peut facilement démontrer son expertise professionnelle sans tomber dans la vantardise. L'humilité vous servira toujours mieux. Votre performance au micro parlera pour vous.

De la même façon, votre érudition sera davantage reconnue si vous n'en faites pas étalage. Elle sera d'autant plus appréciée si vous faites en sorte que l'auditoire saisisse bien votre domaine de spécialité ou encore la complexité de votre tâche. Cela suppose que vous soyez en complet contrôle de votre sujet au point de remettre en cause, au moment de préparer votre allocution, les fondements mêmes de votre connaissance. Il s'agit ici de rendre votre sujet accessible au plus grand nombre sans pour autant en négliger la densité. Voilà tout un défi, mais quand vous l'aurez relevé, croyez-moi, il vous inspirera une fierté et une reconnaissance que vous n'auriez jamais soupçonnées.

Si, en vous référant aux outils de mesure de lisibilité de Gunning et de Richaudeau, vous réussissez à obtenir un score de 8 et à limiter le nombre de mots par phrase à 12 dans votre message, sachez que vous serez compris universellement. Vous serez compris des personnes moins scolarisées de votre auditoire, mais aussi des universitaires. Et mon petit doigt me dit aussi que même ceux-ci apprécieront la simplicité de votre propos. L'effort de vulgarisation, qu'importe l'auditoire, est généralement bien reçu.

Résumons

- Il faut d'abord cerner votre message, en choisissant un argument principal ou une idée centrale.
- Structurez votre discours de la façon la plus simple et la plus logique possible, avec un développement qui se déroule en trois grandes séquences.
- Durant votre discours, il est utile de resituer votre auditoire par rapport au plan que vous avez exposé au début.
- L'introduction, c'est votre accroche, c'est le moment où vous voulez capter l'intérêt des gens et élever leur niveau de sympathie envers votre propos.
- Dans tout discours, la conclusion est primordiale. C'est la suite logique, le moment culminant de votre intervention.
- Concluez en revenant sur le sujet principal afin de produire ce qu'on appelle l'effet CQFD : Ce Qu'il Fallait Démontrer.
- Évitez de vous perdre dans trop de détails.
- Si le message doit être clair pour vous, il faut aussi qu'il soit clair pour votre auditoire.
- Recourir à des exemples tirés de votre expérience personnelle aide à faire comprendre les éléments plus complexes de votre sujet.
- L'humilité vous servira toujours mieux.
- Votre érudition sera davantage reconnue si vous n'en faites pas étalage.

CHAPITRE 7

Trouver le ton juste

Lorsque quelqu'un vous adresse la parole dans la rue, au restaurant ou dans toute autre circonstance, vous pouvez rapidement identifier son style, sa personnalité, souvent même l'étendue de sa culture ou de sa formation, voire son niveau d'instruction. Le langage dévoile beaucoup de ce que nous sommes, et à moins d'être suffisamment habile, il est impossible de maintenir un niveau de langage qui n'est pas le nôtre; nous serons vite rattrapés par la réalité et nous sonnerons faux. Il faut donc, tout en respectant des règles de base du bon parler et du choix des mots, conserver un style et un langage qui vous sont propres. Sachant que le langage et le style retenus révèlent avec assez de précision qui vous êtes, c'est à vous de décider comment vous allez vous adresser à votre auditoire.

Dans un premier temps, ne cherchez pas à créer des effets, à impressionner, à imposer votre propos en le centrant sur votre seul savoir. Communiquer, je le répète, c'est partager. Vous offrez votre discours en partage, selon ce que vous êtes, selon votre personnalité et, bien entendu, selon votre compétence. La fameuse citation de Nicolas Boileau, poète à la cour de Louis XIV, l'illustre bien: «Ce qui se conçoit bien s'énonce clairement et les mots pour le dire viennent aisément.» Adopter un langage clair que tous peuvent saisir, c'est une des bases de la communication, et cela constitue un indicateur essentiel du respect de l'auditoire à qui vous

vous adressez. Des phrases courtes qui, le plus possible, font image ou renvoient à des expériences concrètes.

Prendre la parole devant un auditoire, ce n'est pas faire un monologue comme celui que j'ai prononcé devant ma classe de septième année. Même si vous prenez la parole devant un auditoire aussi spécialisé que vous l'êtes, devant vos pairs par exemple, vous êtes en situation d'échange où la clarté et la simplicité ont leur place. Certes, dans un cas comme celui-là, vous ne pourrez probablement pas éviter de faire appel au lexique propre à votre profession, mais attention, c'est un vocabulaire que vos pairs connaissent, et ils n'ont pas besoin de le réentendre de votre bouche. Ils seront agréablement surpris si vous n'abusez pas du jargon du métier et si vous révélez un peu plus d'autres facettes de votre personnalité. Si le style et le vocabulaire choisis traduisent en partie qui nous sommes, dites-vous que la voix est un autre outil important qu'il faut savoir manier.

Le pouvoir de la voix

Fermez les yeux et tentez de vous représenter une personne au simple timbre de sa voix. Déjà, vous vous faites une image selon vos goûts, vos fantasmes ou vos références. Une voix éteinte et chaude évoquera peut-être une femme sensuelle ; une voix nasillarde, un individu irritant à la personnalité difficile ; une voix haut perchée, une personne un peu hystérique ; une voix basse, celle d'un homme à l'aspect viril.

De façon générale, les gens n'aiment pas le son de leur propre voix, ils sont même surpris de s'entendre si leur voix est enregistrée. Souvent, ils ne se reconnaissent pas et ne peuvent pas croire que c'est eux sur l'enregistrement. L'explication en est fort simple : lorsque nous parlons, nous entendons notre voix à travers la résonance de notre boîte crânienne. Ce phénomène modifie la perception que nous en avons. Pour les autres, notre voix est bel et bien celle que nous entendons sur l'enregistrement.

On comprend dès lors l'importance de la voix dans la livraison d'un message. Elle constitue un élément clé de la communication lorsque l'on prend la parole en public. Évident, me direz-vous ? Peut-être, mais combien de gens prennent la parole sans être conscients de l'importance non seulement du choix des mots et du style, mais aussi du jeu de leur voix ? Le même texte, le même extrait de pièce de théâtre, la même chanson, livrés par deux voix distinctes, susciteront une perception différente chez les gens qui tendent l'oreille.

Le son de sa voix est le résultat de la vibration des cordes vocales selon leur position et en fonction de la puissance avec laquelle l'air est propulsé. On peut donc, dans une certaine mesure, moduler le son de sa voix pour créer un effet : chuchotement, murmure, voix basse, plus haute, plus ou moins forte selon les circonstances. Votre timbre de voix, cependant, est plus difficile à modifier, car il est conditionné pour une grande part par la morphologie de vos cordes vocales. La nature vous a pourvu de ces cordes vocales, vous avez donc un son de voix déterminé. Si vous voulez en changer, vous aurez à vous soumettre à des vocalises et à des exercices réguliers. Laissez cela aux imitateurs comme André-Philippe Gagnon et Véronic DiCaire.

Dans le cas de Véronic DiCaire, un spécialiste qui travaille avec elle a expliqué récemment qu'elle avait des cordes vocales plus longues que la normale et qu'elles étaient asymétriques. Cela expliquerait son étonnante facilité à prendre la voix des autres, celle de Céline Dion en particulier. Il est possible qu'André-Philippe Gagnon possède également de telles caractéristiques physiques, qui font de ces imitateurs de véritables phénomènes.

Mais rassurez-vous, vous n'avez pas besoin de toute cette gymnastique de la voix pour vous adresser à un groupe. Votre travail consiste avant tout à vous faire entendre, à faire en sorte que votre voix porte sans être criarde ni trop faible. Dans un cas comme dans l'autre, vous créeriez un inconfort chez votre auditoire.

Le plus important, ce n'est pas tant d'avoir une belle voix que de savoir bien utiliser celle qu'on a. Il suffit de s'exercer en utilisant quelques trucs faciles qui amélioreront la livraison de votre message de manière considérable. Ayez d'abord conscience de votre son, de ce que les gens entendent lorsque vous vous adressez à eux.

Faites le test

LA LECTURE À HAUTE VOIX

Prenez un texte, un extrait d'article de journal, de revue ou de livre. Lisez-le, et enregistrez-vous. Aujourd'hui, dans bien des cas, vous pouvez le faire avec votre téléphone intelligent. Lisez comme vous le feriez normalement. Il faut que la durée du texte lu soit d'au moins trois minutes. Écoutez maintenant votre voix, que vous venez d'enregistrer, sans suivre le texte. Écoutez seulement, débarrassez-vous du texte et des autres voix dans votre tête, chut… écoutez…

⟩

Et posez-vous ces questions :

- Avez-vous compris ce que vous venez d'entendre ?

- Avez-vous été capable de ne pas décrocher de ce que vous racontiez ?

- Avez-vous accroché sur votre timbre de voix, sur le ton que vous avez utilisé, sur la mollesse de votre articulation ?

- Avez-vous été étonné de la lenteur ou de la vitesse de votre livraison ?

- Votre lecture était-elle intelligible ?

Le rôle de la bouche

Le plus vieux traité sur l'art de la parole date du IVe siècle avant Jésus-Christ. Ce n'est donc pas d'hier que l'on cherche à améliorer et à comprendre les techniques de l'art oratoire. De l'Antiquité à nos jours, des gens ont eu à surmonter leurs craintes et ont tenté de maîtriser et de perfectionner cette activité.

Dans l'Antiquité, celui qui était considéré comme le plus grand orateur, Démosthène, était affligé d'un trouble d'élocution, de bégaiement et d'une voix faible. On rapporte que pour améliorer sa diction, Démosthène répétait ses discours en se mettant de petits cailloux dans la bouche. (Je ne vous le conseille pas, c'est plutôt indigeste...) C'est peut-être de là que vient l'idée de s'entraîner avec un crayon entre les dents afin d'améliorer sa diction ainsi que la force et la pose de sa voix. On raconte qu'il s'exerçait également sur la plage, parlant en tentant de couvrir le bruit des vagues qui venaient se briser sur la rive.

Nous n'avons pas tous la possibilité de nous rendre sur une plage, mais l'on peut certainement s'exercer à projeter et poser notre voix.

On est souvent porté à négliger la bouche. Pourtant, tout le propos que nous avons organisé et préparé passe par ce porte-voix. Ça peut vous sembler bizarre, mais votre bouche, comme votre corps, a besoin d'être en forme, d'autant plus si vous comptez vous en servir en public.

Votre bouche est activée par des muscles qui très souvent sont devenus paresseux même s'ils servent régulièrement à mastiquer, mordre dans les aliments et déglutir. Mais les muscles de votre bouche servent aussi à articuler, prononcer, mettre en forme audible le fruit de votre pensée et expulser l'air de vos poumons en faisant vibrer les cordes vocales. La bouche a donc une grande responsabilité dans le discours, qu'il soit prononcé devant un petit ou un grand groupe.

Par la bouche, on respire et on projette en utilisant son diaphragme, ce muscle qui sépare le thorax de l'abdomen, et qui nous permet d'inspirer et d'expirer sans difficulté. Il est possible de bien le contrôler et de le mettre à son service, comme le font les chanteurs et les chanteuses. On expire au moment de parler, on n'aspire pas comme un plongeur qui prend son souffle avant de se jeter à l'eau. Essayez cela et vous aurez du mal à finir votre phrase sur une note haut perchée qui s'éteint. Vous avez sans doute eu l'occasion de faire le test de capacité pulmonaire chez votre médecin, en soufflant dans l'appareil de toutes vos forces au point d'être étourdi ; c'est justement ce qu'il ne faut pas faire lorsque vous vous adressez à un auditoire.

Il faut donc entraîner votre bouche à bien porter le message, à dire clairement ce que vous voulez transmettre à l'auditoire. Quelques exercices musculaires sont nécessaires. Faites bouger le masque facial en forçant l'ouverture de votre bouche le plus possible, ouvrez grandes les mâchoires, récitez les voyelles a, o, i, e, u de façon exagérée et à haute voix.

En ce qui concerne la diction, les exercices habituels avec des phrases qu'on appelle des virelangues peuvent vous aider: «Ciel si ceci se sait ses soins sont sans succès.» Et le classique: «Les chemises de l'archiduchesse sont-elles sèches, archi-sèches?» C'est pourquoi il est recommandé de lire votre discours à haute voix avant de le prononcer. Éliminez les mots qui vous donnent du fil à retordre sur le plan de la prononciation. Répétez les phrases qui vous semblent plus ardues, quitte à couper ou hachurer le texte pour le rendre plus concis.

Ça ne veut pas dire que vous deviez éliminer tous les mots difficiles à comprendre. Pour ma part, j'aime bien à l'occasion lancer un mot qui surprend, «propédeutique» par exemple, pour voir la réaction des gens qui se demandent de quoi je parle. J'explique ensuite la signification du mot – une démarche d'apprentissage pour acquérir des connaissances –, puis j'enchaîne avec la suite de mon discours. C'est une façon d'aborder certaines notions plus complexes tout en respectant l'auditoire.

Truc du métier

Communiquer avec tous ses sens

Les yeux

J'ai l'habitude de dire qu'il faut aborder un discours avec tous nos sens. Nous avons parlé de l'importance de la bouche, mais il y a aussi les yeux. Trouver le bon ton, ça passe également par le regard. Les yeux, dit l'expression populaire, sont le miroir de l'âme, et c'est vrai. Une bonne part de notre langage non verbal passe par le regard, il révèle d'emblée une attitude, un état d'esprit. Confiant ou craintif. Sérieux ou triste. Convaincu ou hésitant. Ne dit-on pas: «J'ai vu la peur dans ses yeux», «Son regard m'a transpercé», «Il a un regard de glace»...?

Avec les yeux, donc, on renforce notre attitude au moment de parler. Le regard est franc, rieur, convaincu. Il vise l'auditoire, il l'interpelle. Il ne fléchit pas, il ne se détourne pas. Les verres teintés sont déconseillés. Replacez votre couette rebelle avant de prendre la parole, il n'y a rien de plus fatigant qu'une mèche de cheveux qui tombe et retombe sur le visage. On en oublie le propos et le regard lui-même : on ne voit plus que cette maudite couette !

Votre regard, compatissant, interrogateur ou coquin, ponctue vos affirmations et souvent contribue à installer une atmosphère. De plus, vos yeux vous permettent de prendre la mesure des lieux, mais aussi de l'auditoire et de sa réception. On apprend beaucoup en observant la physionomie des auditeurs et en balayant la salle, on peut se faire une idée du climat et de la réponse à certains points que l'on veut marquer.

Attention, cependant. S'il faut balayer la salle du regard pour bien faire sentir qu'on s'adresse à tous, il ne faut pas poursuivre ce balayage tout au long de votre présentation comme si vos yeux étaient des phares de poursuite à la recherche d'un fuyard. Une fois que vous avez bien fait comprendre au public que vous êtes conscient de la salle dans son ensemble, votre regard peut se porter sur une personne, sur une section de l'assemblée, puis sur une autre personne dans un autre coin de la salle. Ainsi, vous gardez le lien avec les membres de votre auditoire, où qu'ils se trouvent. Vous montrez que vous voulez les intéresser, mais que vous vous intéressez aussi à eux. Cela fait partie de ce que nous appelons l'échange de la communication.

Les oreilles

On doit aussi sentir la salle avec ses oreilles. Il est important d'écouter, d'entendre les commentaires, d'être attentif aux bruits qui peuvent déranger, aux gens qui remuent parce qu'ils sont inconfortables. C'est aussi une façon de vérifier l'intérêt de la salle, son malaise ou son approbation.

Un silence un peu lourd parle également. C'est parfois un signe d'ennui ou d'impatience. Il est peut-être temps de clore votre discours, d'abréger. Vous pouvez alors annoncer que vous conclurez dans la prochaine minute et procéder le plus rapidement possible avec votre CQFD.

La salle décroche, elle est bruyante. Est-ce qu'un événement fortuit s'est produit ? Une personne s'est-elle évanouie ? Ça arrive plus souvent qu'on ne le pense, surtout s'il fait chaud et que le discours est long. Y a-t-il des bruits extérieurs qui perturbent la présentation, qui vous forcent à l'interrompre ? À vous d'en juger, mais sachez qu'il est très facile de perdre une salle pour des raisons qui, souvent, sont hors de notre contrôle.

J'en ai fait moi-même l'expérience. Au beau milieu de mon allocution, le directeur du Centre des congrès où je prenais la parole m'a fait de grands signes depuis les coulisses. J'ai fini par comprendre que j'avais un appel urgent et me suis excusé auprès de l'auditoire pour aller le prendre. Un voisin me prévenait qu'il y avait un incendie chez moi. Je suis retourné sur scène pour expliquer la situation au public, et je m'apprêtais à partir quand un autre appel est arrivé : tout était revenu à la normale. Je me suis empressé de retourner sur scène et j'ai invité le public à revenir en tournant la chose à la blague : « Prenez votre temps, y'a pas le feu ! »

Je ne souhaite cette expérience à personne, mais il faut être attentif et à l'écoute de ce qui peut se produire dans la salle, même si elle est très bien insonorisée !

Le nez ou, si vous préférez, le « pif »

Vous me direz : « Qu'est-ce que le nez a à voir avec la communication orale ? » Eh bien, le nez, c'est la respiration, et c'est aussi, un peu, la ponctuation. Mais c'est surtout ce qu'on appelle en langage populaire le « pif ». En extrapolant un peu, je dirais qu'on peut « humer » une salle avec le nez – pour en saisir l'atmosphère : détendue ou guindée, ouverte ou hostile.

Je me souviens d'avoir été invité à parler pour un événement de Desjardins au Palais des congrès, qui réunissait environ trois mille personnes. Comme je le fais souvent, j'ai visité la salle avant l'événement, et c'est en voyant les trois mille chaises que les papillons se sont mis à bouger dans mon estomac. En fait, j'ai été plus impressionné par toutes ces chaises vides que lorsqu'elles ont été remplies et que je me suis mis à parler. Car quand j'ai commencé, il n'y avait plus trois mille personnes et trois mille chaises, il y avait un groupe, une entité. Et en projetant ma voix, je pensais à la dernière rangée où je m'étais placé lors de ma visite, et c'est cette rangée que je voulais rejoindre.

Pour déterminer la force de sa voix dans un tel environnement, ce n'est pas simple, même avec un micro. On ne veut pas se pencher pour parler aux premières rangées comme un humoriste qui fait une pause en s'adressant directement à des spectateurs. On ne veut pas non plus lancer sa voix à plein volume pour être sûr d'être entendu du fond de la salle. On vise le milieu, ni trop près, ni trop loin. Et on s'adresse à ce point au centre de la salle comme s'il s'agissait d'une personne.

Voilà autant de petits détails qui font toute la différence du point de vue de la salle. Pensez à votre auditeur repu qui vient de terminer son dessert, ou encore à celle qui a mal dormi la nuit dernière et qui lutte, qui lutte…

« Dites-le à moi »

Le secret, pour rester en confiance, c'est de garder sa concentration face à un groupe d'individus disparates qui sont autant de sources potentielles de distraction. Un jour, j'ai dû prêter main-forte à ma fille avec des conseils simples pour surmonter cet obstacle.

À l'idée de devoir faire une présentation orale devant sa classe, ma fille était envahie par la panique. Elle s'accrochait à son texte comme à une bouée, et le jugement qu'elle anticipait de ses camarades de classe la clouait sur place. Elle imaginait déjà leurs regards critiques ou moqueurs, et ça la gelait.

Quand elle m'a demandé de l'aider, je l'ai invitée à me raconter son sujet. Elle a sorti son texte. Mais j'ai insisté pour qu'elle me raconte son sujet, non qu'elle me le lise. Elle s'est alors lancée dans un récit mêlé d'hésitations et d'explications, mais elle m'a raconté l'essentiel. Ensuite, je lui ai demandé de me lire son texte. Elle a tout de suite vu la différence: ce qu'elle m'avait raconté n'avait rien à voir avec son texte. Je l'ai donc encouragée à raconter son sujet et à s'y exercer mentalement, sans texte.

Et elle l'a fait, sans doute plusieurs fois avant sa présentation en classe.

L'autre conseil que je lui ai donné pour conserver sa concentration, c'était d'essayer de voir la classe comme une entité et de ne pas penser à tous les élèves comme à autant d'auditeurs individuels qui pouvaient la juger. Je ne sais pas exactement comment elle s'est débrouillée, mais ça semble avoir réussi. Elle a survécu à l'expérience, en tout cas, et en est ressortie plus forte, j'en suis convaincu.

Ça me rappelle une scène du film *Le discours du roi*, quand le duc de York, devenu roi d'Angleterre, doit faire un discours à la nation à la radio nationale lors de l'entrée en guerre de son pays contre l'Allemagne en 1939. Il se retrouve devant un micro dans une pièce que son coach Lionel Logue a préparée, avec des tentures, pour le mettre à l'aise. Logue se place face à lui tandis que l'on entend le décompte final de la mise en ondes, et il dit au roi : « Dites-le à moi et oubliez tout le reste. » Et c'est ainsi que le roi Georges VI, qui souffrait d'un grave problème de bégaiement, a pu surmonter son handicap et réussir à livrer le discours de sa vie.

Faites le test

LE TIMBRE DE LA VOIX

Enregistrez-vous, écoutez et réécoutez. Vous savez déjà ce que vous n'avez pas aimé en vous écoutant : vous n'avez pas prononcé correctement un mot ; vous avez trébuché sur un autre ; vous n'avez pas baissé le ton au point à la fin d'une phrase ; vous avez accéléré au moment d'une description ; vous avez escamoté une syllabe ; on ne saisit pas tous les mots ; votre voix est monocorde ou encore trop chantante ; le ton est trop léger › pour la teneur du propos ; votre rythme de lecture ne laisse pas de place à la compréhension, on sent trop que vous avez hâte d'en finir. Votre voix ne projette pas assez, le timbre est trop haut, trop bas, il manque d'intonation.

Recommencez. Oui, vous avez bien lu. Il faut recommencer, car si la première fois vous saviez d'instinct ce que vous n'aimiez pas, il n'est pas évident que vous avez pu tout corriger dès la première reprise. Ne vous attaquez pas à tout en même temps. Débutez par le ton et le débit. Après, attaquez-vous à la diction et à la régularité de la livraison. Prenez le temps de faire une pause au point à la fin d'une phrase en baissant le ton de votre voix, et comptez jusqu'à deux dans votre tête. À une virgule, maintenez le ton au même niveau que le reste du texte, comptez un temps dans votre tête, la pause à la virgule étant moins longue qu'à un point à la fin d'une phrase.

Ne faites pas une lecture monocorde sur un même ton, mais évitez toutefois de chanter ; vous verrez vite si cela sonne faux. Ajustez le timbre de votre voix selon le sens du texte. Une voix plus sobre et basse si la situation est tragique ou sérieuse, un ton plus éteint si le sens appelle à la confidence, un ton plus éclatant ou clair si la situation est joyeuse et festive. Il faut légèrement jouer votre texte. Ne vous en faites pas si, au début, cela vous paraît exagéré. Tout rentrera dans l'ordre lorsque vous posséderez votre technique.

Résumons

- Tout en respectant les règles de base du bon parler et du choix des mots, conservez un style et un langage qui vous sont propres.
- Adoptez un langage clair que tous peuvent saisir.
- On peut moduler le son de sa voix pour créer un effet.
- Votre bouche, comme votre corps, a besoin d'être en forme.
- On respire et on projette en utilisant son diaphragme.
- On expire au moment de parler, on n'aspire pas comme un plongeur qui prend son souffle avant de se jeter à l'eau.
- Il est recommandé de lire votre discours à haute voix avant de le prononcer.
- Vos yeux vous permettent de prendre la mesure des lieux, mais aussi de l'auditoire et de sa réception.
- Il faut être attentif et à l'écoute de ce qui peut se produire dans la salle.

CHAPITRE 8

La communication non verbale

(Quand l'habit fait le moine)

Vous n'avez pas prononcé un seul mot à la tribune que déjà on vous a jugé à votre tenue vestimentaire un peu débraillée. Intimidé et nerveux, vous vous mettez en mode défensif – bras croisés et en retrait – et renforcez ainsi une première impression négative. En vous voyant penché avec nonchalance au-dessus du lutrin, on vous a évalué à votre posture, et malgré tous vos efforts pour séduire votre auditoire, l'impact de votre discours est perdu. Le charme s'est envolé parce que vous avez négligé les trois éléments clés (encore la règle de trois) du succès d'un bon orateur : l'attitude, l'apparence et la posture. C'est ce qu'on appelle la communication non verbale.

On dit souvent que dans une rencontre, la première impression fait foi de tout. C'est particulièrement vrai pour une conférencière ou un conférencier. Coincée ou raide, mal habillée ou mal peignée, la personne sur la tribune perd des points avant même d'ouvrir la bouche. On dit aussi que l'habit ne fait pas le moine, mais il reste qu'un moine en habit de moine a l'avantage d'envoyer un message clair sur qui il est.

Le vêtement parle

La tenue vestimentaire, à mon sens, porte en elle-même un message. Le vêtement exprime quelque chose qui peut être social, politique, économique ou culturel. En tout temps, le vêtement traduit un message, il est bien souvent la première manifestation d'un statut ou d'un travail. La toge pour l'homme de loi, le sarrau pour le médecin, la soutane pour le prêtre, la salopette ou le bleu de travail pour l'ouvrier. Et le conférencier, lui, comment doit-il se vêtir ?

Je lui suggère de s'habiller sobrement, avec des vêtements sans aucune couleur éclatante, avec des tissus de qualité, bien pressés, au ton sombre, marine ou noir de préférence. Pour la chemise, aucune autre couleur que bleu pâle, blanche de préférence, au col dur, en s'assurant que les pointes du collet ne retroussent pas ; le poignet dépasse légèrement de la veste, le bouton de manchette est discret si on décide d'en porter, car il peut vous nuire si vous accrochez le lutrin tout en parlant.

Je dois l'admettre, la faute de goût est souvent plus fréquente chez l'homme que chez la femme. L'élégance vient plus naturellement aux femmes car, en général, elles se soucient davantage de ce qu'elles portent. Cela dit, la sobriété est également de mise pour les femmes, avec des vêtements bien coupés et pas trop voyants.

Pour un homme, dans bien des cas, le choix de la cravate s'avère important. Celle-ci doit être sobre et ne pas trop trancher sur le complet. Parce que la cravate est souvent le seul accessoire que porte l'homme, on la remarque beaucoup. À elle seule, elle peut être porteuse d'un message : certaines couleurs consacrées réfèrent à des allégeances politiques. Si votre situation l'exige, la cravate peut ainsi être un emblème. À vous de juger, mais la modération a bien meilleur goût. Si j'étais vous, j'éviterais la pochette au veston, à moins que cela fasse partie de votre personnage ou que les gens soient habitués de vous voir porter cet accessoire. Il en est de même pour le nœud papillon. Quoique d'un grand chic, la boucle attire davantage l'attention et suscite plus de commentaires que la cravate sobre bien assortie au complet. Je dirais la même chose des chaussettes à la mode, à multiples rayures multicolores. Vous ne voudriez pas que vos chaussettes vous volent la vedette!

Que ce soit pour les femmes ou pour les hommes, les canons de la mode se sont modifiés au fil des ans, mais une chose demeure: le bon goût est toujours au goût du jour. Ainsi, l'homme peut préférer à la cravate une chemise portée de façon plus décontractée, la robe pour la femme peut céder la place à un beau pantalon. D'un autre côté, vous devez observer un code vestimentaire qui reflète le milieu que vous représentez, le poste que vous occupez ou le cadre particulier où il vous est donné de prendre la parole. Dans tous les cas, la sobriété a sa place, car vous souhaitez avant tout que l'auditoire porte attention à votre contenu, et non à votre tenue.

Autre conseil vestimentaire si vous allez à la télévision: attention aux rayures, aux losanges et autres pieds-de-poule. Le résultat sera affreux au visionnement. La robe, le tailleur, la blouse, le veston, la chemise ou la cravate à motifs se mettront à bouger ou à zigzaguer à l'écran, au grand dam du téléspectateur. Vous allez en entrevue? Portez des vêtements unis, au ton neutre et foncé. L'attention restera centrée sur vous et non sur un élément de votre garde-robe.

Le look cool avec chemise ouverte s'adapte aux circonstances pour un ministre ou pour une personnalité publique qui occupe une fonction de responsabilité et d'autorité. À moins que la personne soit invitée à une sortie en plein air, un barbecue ou une épluchette de blé d'Inde, sa tenue doit être impeccable. Un ou une ministre qui se présenterait en conférence de presse en jeans ou vêtu de cuir, ce ne serait pas approprié.

Évidemment, l'habillement sera adapté à votre domaine d'activité. Un émule de Steve Jobs ne portera pas de complet-veston, un Guy Laliberté du Cirque du Soleil non plus. Le jeans et le t-shirt sont plus à propos dans leurs cas. On ne demandera pas non plus à un banquier de s'habiller comme s'il revenait d'un safari en Afrique. Chaque type d'entreprise a son code, cependant il est tout de même possible d'être bien habillé dans une tenue moins formelle. Ce qui est important, c'est d'être conscient de son image et de respecter son auditoire.

Chaussure à son pied

Les chaussures, si elles ne sont pas neuves, doivent être immaculées, bien cirées et d'un cuir de qualité. Les chaus-sures sont aussi très révélatrices. En fait, la tenue vestimen-taire encadre votre présence devant l'auditoire et, souvent, vous donne de l'assurance. Il est bien connu que le moindre accroc distrait l'auditoire; les gens sont portés à fixer leur regard et leur attention sur le détail qui cloche.

Vous gagnerez toujours à porter un ensemble sobre, élé-gant et sans artifice. Vous éviterez ainsi de faire dévier l'at-tention de votre auditoire en commettant un impair vestimentaire. Dites-vous que la première chose que vous exposez à votre auditoire, c'est votre apparence générale et votre habillement. Il ne faut que quelques secondes pour que l'on vous ait détaillé du regard. Toutes ces précautions doivent servir votre performance. Il importe avant tout que vous soyez à l'aise et que votre auditoire le soit également en vous apercevant.

● ●

Pas comme à la télé...

Les gens se sont fait une image de moi par la télévision. Je les entends souvent dire que je suis plus petit qu'à la télé, où les éléments de décor ne permettent pas de juger de ma taille réelle. Souvent, je m'amuse de ce fait d'entrée de jeu quand je prends la parole en public. La blague vient couper l'herbe sous le pied de celles et ceux qui seraient portés à faire des commentaires sur mon apparence dès les premières minutes de mon discours : «As-tu vu de quoi il a l'air, comment il est habillé? Ses yeux... Il est plus petit que je croyais!»

● ●

La coiffure

Pour les femmes, la chevelure constitue sans doute l'élément le plus important de leur confiance en elles. Si vous avez à prendre la parole, décidez à l'avance de votre coiffure et de la teinte de votre chevelure. Ce n'est pas le temps de vous abandonner à la chimie de la coloriste ou encore à la fantaisie de votre maître-coiffeur à quelques heures de votre présentation ! Demeurez sobre dans le style avec lequel vous êtes à l'aise ; passer l'épreuve du groupe constitue un stress suffisant sans que vous deviez laisser à votre auditoire l'évaluation de votre nouvelle tête.

Pour les messieurs, une coupe de cheveux récente fait le travail, mais avez-vous déjà remarqué que vos cheveux sont plus beaux quelques jours après la coupe ? Pourquoi ne pas prévoir passer chez le coiffeur quelques jours avant votre allocution ?

Ce sont peut-être là des points qui vous paraissent futiles, mais mieux vaut mettre tous ces petits détails de votre côté, car au bout du compte, ils ont leur importance.

Truc du métier

Je vous conseille de pousser l'exercice de l'apparence jusqu'à enfiler votre tenue vestimentaire avant l'événement. Vous pourrez alors mesurer votre degré de confort : si le pantalon tombe bien sur la chaussure ; si la robe est coupée à la bonne longueur ; si la ceinture de votre pantalon mériterait un ajustement ; si la coupe de votre robe permet des mouvements naturels ; si votre chemise ou votre blouse demeure bien en place… Regardez-vous dans le miroir et bougez. Ça vous évitera l'inquiétude du lendemain, au moment de vous présenter devant le groupe.

Attitude et posture, même combat

En matière d'art oratoire, la bonne attitude est synonyme de confiance en soi, de sérénité et d'ouverture envers l'auditoire. Certains trucs peuvent aider à établir cette confiance dès le départ.

D'abord, il faut bien gérer son stress. Prenez une grande respiration avant de monter sur scène et laissez tomber les épaules. Vous aviez une tension au trapèze et vous ne vous en étiez pas aperçu ? Respirez par le ventre et par le nez, n'aspirez pas en lançant les premières phrases de votre discours, vous risquez de les ravaler. Prenez le temps de balayer la salle du regard et, comme je le suggérais plus tôt, accrochez-vous à un visage souriant qui vous inspire un sentiment positif.

Notez maintenant la position de vos pieds, qui devraient être légèrement écartés. De cette façon, en vous tenant droit, vous serez en équilibre et ne serez pas porté à vous balancer comme si vous étiez debout dans une chaloupe. Attention à la monnaie dans votre poche ! Rien n'est plus irritant qu'un conférencier qui joue avec son « petit change ». Ne croisez pas les bras comme pour vous protéger : c'est une position très efficace pour vous couper du monde, mais très inadéquate en situation de présentation.

· ·

L'esprit en avant

J'ai eu un prof de latin qui me disait, au sujet de la posture à adopter en parlant, de pencher l'esprit par en avant. « Penchez-vous l'esprit par en avant, qu'il disait, c'est par en avant que l'esprit fonctionne. »

· ·

Une posture de confiance

Des études récentes ont démontré qu'en adoptant une position dominante, bras ouverts et poitrine déployée, avant une entrevue ou avant de monter sur scène, vous avez plus de chances de vous sentir en contrôle au moment de parler. Vous pouvez prolonger cette impression de force en adoptant une posture ouverte, le corps légèrement penché en avant vers l'auditoire, ce qui reflète à la fois une proximité avec votre public et une attitude d'écoute. Vous êtes déjà dans une position où il est clair que vous tenez compte de votre auditoire. En retour, il sera plus réceptif à vos messages, juste en observant votre attitude à son égard.

Attention à vos mains : elles parlent. Elles peuvent contribuer à marquer l'importance d'un point ou à renforcer votre enthousiasme pour une idée ou un projet. Par contre, ne gesticulez pas au point d'agacer et ne croisez pas les doigts comme un élève qui vient d'être puni par son professeur. Gardez les mains en action et en contrôle, à mi-flexion devant vous et un peu détachées du corps, à hauteur du ventre. Si vous les collez le long de votre corps, vous donnerez une impression de rigidité et d'inconfort, alors que l'image que vous voulez projeter est tout le contraire.

• •

Le geste et la parole

Dans vos gestes comme dans vos propos, soyez enthousiaste et convaincant, mais sobre. Utilisez vos mains, mais ne boxez pas votre auditoire avec des gestes frénétiques. Trop d'effet finit souvent par lasser ou par faire décrocher. C'est comme pour le débit. Il est nécessaire de faire des pauses, de laisser respirer les gens, autant dans le flot des paroles que dans les gestes.

Il arrive que les gestes frappent plus fort que la parole. La campagne électorale du printemps 2014 nous en a fourni des exemples percutants. Le poing levé d'un candidat vedette, suivi d'un simple geste de sa chef pour l'écarter du micro. Voilà des gestes lourds de sens, qui ont été décortiqués par les médias et qui se sont finalement un peu retournés contre leurs auteurs.

. . . .

Gardez la tête droite. Comme le corps, elle participe aussi à votre présentation. Maintenez-la pas trop inclinée, pas penchée sur le côté comme si vous cherchiez quelque chose sous le lutrin. Le menton est relevé sans être hautain et vous vous « tenez grand », peu importe votre taille. En montant sur scène, quelles que soient vos mensurations, vous avez gagné en hauteur et en grandeur.

Si la situation le permet et si vous vous sentez suffisamment en confiance pour laisser vos notes de côté, passez-vous du lutrin. La première chose que je fais quand je monte à la tribune, c'est pousser le lutrin. Ne faites pas ça à la Chambre de commerce, où le lutrin fait partie du protocole, mais en d'autres contextes, ça fait rire et ça attire immédiatement l'attention. Il est souvent plus facile d'entrer en contact avec un groupe en bougeant. C'est aussi un moyen de garder le rythme et de s'exprimer plus librement avec son corps. Vous aurez moins la tentation de vous appuyer au lutrin, une attitude qui renvoie une image de nonchalance, pas vraiment idéale pour séduire un auditoire.

Avant de monter sur le podium, si vous en avez l'occasion, faites des exercices simples pour vous détendre. Avec vos mâchoires, en les ouvrant et en les refermant plusieurs fois pour relaxer les muscles, comme je l'ai mentionné plus tôt. Vous pouvez frapper dans vos mains, sauter sur place en remuant les épaules, faire de grands cercles avec vos bras pour ouvrir la poitrine.

Tout cela peut paraître ridicule, mais il s'agit d'un entraînement de routine, de la même façon qu'un haltérophile effectue des étirements avant de soulever ses haltères. Ça active la circulation sanguine et augmente de ce fait votre vivacité d'esprit. C'est pour vous aider à conserver cette vivacité que je vous propose au chapitre 11 quelques conseils concernant les boissons et la nourriture.

Faites le test

LA ROTATION DES GENOUX

Pour la position des pieds, il existe un exercice fort simple que j'ai découvert sur Internet, dans un film de formation qui date de 1949. Eh oui, de 1949, et il est encore très pertinent aujourd'hui. Ça s'appelle l'exercice des genoux. Collez bien vos pieds ensemble et essayez de plier les genoux et de faire des rotations. Vous allez vite perdre l'équilibre. Ouvrez-les un peu et répétez l'exercice ; vous trouverez une bonne stabilité. Ouvrez-les plus largement, faites des rotations avec vos genoux et vous serez à nouveau déstabilisé et dans une posture inconfortable. Réessayez jusqu'à ce que vous trouviez la position des pieds qui vous donne le plus de stabilité, et prenez une note mentale pour la prochaine fois que vous parlerez en public.

Et le charisme ?

On fait grand cas du charisme quand on évoque le discours en public. La notion de charisme est d'origine religieuse, ce qui n'est guère surprenant quand on considère le fonctionnement de certaines sectes qui s'attache le plus souvent à un individu, à un chef charismatique. Un personnage charismatique peut alors s'autoproclamer élu de Dieu, et utiliser sa parole et son charme pour troubler ou neutraliser le jugement de ses « disciples ». J'ai vu ce pouvoir à l'œuvre dans certains groupes fermés. J'ai pu également observer dans ma carrière le charisme ou l'absence de charisme de certains politiciens.

En effet, les politiciens, plus que quiconque dans la société, sont mis à l'épreuve de la prise de parole et, bien souvent, ils deviennent des inspirations ou des modèles. Qui ne se souvient pas de John F. Kennedy avec « Ne vous demandez pas ce que votre pays peut faire pour vous, mais ce que vous pouvez faire pour votre pays » ? De Luther King et de son fameux « *I have a dream* », de de Gaulle et de sa phrase commençant par « Je vous ai compris… » ? La liste pourrait s'allonger, et votre évaluation de ces performances peut être différente de la mienne, mais une chose demeure : l'efficacité et l'impact de leur propos ont traversé le temps.

Plus près de nous, j'ai connu plusieurs personnalités politiques qui se sont fait remarquer pour leur talent ou pour leur manque de talent oratoire. Je pense par exemple à Robert Bourassa. Ce n'était pas un grand orateur, mais il avait su se donner une image sérieuse et adopter un discours économique qui lui profitait. Par contre, sa gestuelle était raide, son ton était neutre, et il donnait souvent l'impression d'avoir le dos voûté et les épaules tombantes.

Claude Ryan s'exprimait bien, et nul ne pouvait lui reprocher la qualité et la rigueur de ses écrits. Mais comme orateur, zéro. La forme orale ne lui allait pas. Voix nasillarde, gestuelle guindée, prononciation hésitante et élans émotifs mal sentis, rien ne servait l'éditorialiste en politique.

Pour sa part, Pierre Elliott Trudeau n'avait aucune gêne en public. On percevait tout de suite la force de sa personnalité, sa culture, et aussi sa désinvolture doublée parfois d'une certaine arrogance. Ça ne l'avantageait pas toujours – certains observateurs du reste du Canada le trouvaient maniéré et hautain au point de le détester. Il était cependant un redoutable orateur. On pouvait apprécier son talent même si on ne partageait pas ses idées. Il ne laissait personne indifférent.

Brian Mulroney, dont nous avons déjà parlé, se distinguait par son humour, sa bonhomie et sa façon de mettre de la couleur dans ses propos. Il aimait faire de l'autodérision, parler aussi de sa femme Mila, pour montrer qu'il était un homme comme les autres. Et s'il était parfois indigné, parfois cabotin ou un peu frondeur, le petit gars de Baie-Comeau n'était jamais arrogant.

Jean Chrétien fait partie des phénomènes de la classe politique. Un homme instruit et cultivé qui a misé sur l'image du gars ordinaire, du gars du peuple qui a surmonté un handicap physique important (paralysie faciale) pour s'imposer. Malgré sa voix rauque, sa diction imparfaite et son anglais raboteux, le personnage plaisait au reste du Canada et demeurait le « petit gars de Shawinigan » chez lui. Sa manière populaire de s'exprimer et ses exemples souvent imagés et drôles ont fait son succès.

On voit maintenant de plus en plus de femmes émerger dans les sphères du pouvoir et prendre la parole. Pauline Marois et Hillary Clinton en politique, Monique Leroux et Sophie Brochu dans le monde des affaires ouvrent la voie pour les femmes qui veulent faire une différence sur la scène publique. On peut saluer aussi Françoise David qui, lors des récentes campagnes, a élevé le débat en demeurant calme, posée et respectueuse dans les échanges entre adversaires politiques. Mélanie Joly, lors de la dernière campagne électorale municipale montréalaise, a également marqué les esprits en portant la voix à la fois des femmes et des jeunes.

On se forge une image des personnages publics, parfois à leur détriment. C'est sans doute le cas de Pauline Marois qui, malgré un parcours remarquable de politicienne au service du public jusqu'à devenir la première femme première ministre du Québec, n'a jamais pu se départir de son image un peu bourgeoise et hautaine. Dans son discours, dans sa tenue vestimentaire, dans sa posture ou sa gestuelle, les gens avaient du mal à se reconnaître, et c'est un peu injuste à l'égard d'une personne qui s'est tant dévouée pour le service public. À l'inverse, Lucien Bouchard, grand orateur, n'a jamais pu convaincre les purs et durs du Parti québécois de son engagement total envers la cause, ce que semble avoir réussi Pauline Marois.

Les chefs syndicaux, comme les politiciens, doivent user de charisme et maîtriser, de par leur rôle, la communication orale. Ils ont à défendre les intérêts des travailleurs. Pendant de nombreuses années, le discours syndical se nourrissait à l'auge de la lutte des classes. Il s'inspirait le plus souvent d'une confrontation assez dure des travailleurs avec la classe patronale (les boss) ou encore avec le pouvoir politique (le gouvernement). Je ne suis pas certain que ce type de discours conviendrait aujourd'hui, mais il a eu son efficacité en son temps. Son représentant le plus connu et le plus charismatique était sans contredit Michel Chartrand. Ce syndicaliste bouillant et érudit en était en effet un exemple frappant et presque caricatural par certains côtés, quand il opposait la misère des travailleurs à l'appât du profit des patrons exploiteurs.

Je ne juge pas ici de la valeur de l'argumentaire de Chartrand ou d'un de ses émules à la langue bien pendue. Je veux simplement souligner que l'époque, les changements de mentalité, les améliorations législatives, la compétitivité et la globalisation des marchés ont entraîné un changement de contexte pour la prise de parole syndicale. Michel Chartrand savait haranguer les foules et frapper l'imagination des travailleurs avec des images provocantes pour dénoncer une situation précise. Cette forme de discours n'aurait sans doute pas la même efficacité aujourd'hui.

Il faut donc non seulement adapter son discours en fonction de ceux à qui l'on parle, mais être bien conscient de l'époque où l'on prend la parole. Cela aussi jouera sur votre charisme. Ainsi, vos exemples doivent être au goût du jour, traduire la réalité présente et ne pas verser dans la nostalgie. Votre vocabulaire doit correspondre à un langage moderne sans pour autant tomber dans le populisme des « *Yo man* ! ». Par ailleurs, les références aux grands classiques, comme les prisait en son temps Pierre Péladeau, sont à utiliser avec parcimonie.

Bref, personne ne vous demande de marquer l'histoire avec vos paroles, ni de vous distinguer par un charisme époustouflant ou des habiletés de politicien ou de politicienne aguerris. Nous n'en sommes pas à mesurer vos dispositions naturelles, et vous pouvez vous aussi, avec de la préparation et grâce à certaines techniques, augmenter votre charisme.

Vous pouvez créer
votre propre charisme

En psychologie, on définit le charisme comme une qualité chez une personne qui lui permet de séduire, de fasciner ou d'influencer. Dans bien des cas, il s'agit d'un don naturel, positif s'il est bien utilisé. Même si vous ne croyez pas avoir de charisme, il est possible de le développer en travaillant à améliorer sa personnalité en tant que personne publique. Penser qu'on n'a pas de charisme est souvent une excuse qu'on se donne pour ne pas prendre la parole. Or, même le charisme, ça se travaille.

Toute personne moyennement sociable, capable d'établir des contacts interpersonnels et de fonctionner en société, avec des confrères et consœurs de travail, est en mesure de développer son charisme. Je vous propose ici un itinéraire fictif qui peut vous aider à vous doter d'une personnalité que les gens seront portés à écouter et dont ils rechercheront la compagnie.

Imaginez-vous au milieu d'un groupe de gens dans le cadre d'un événement quelconque, cocktail ou autre. Il ne faut pas s'effacer parmi les gens présents, mais plutôt vous faire remarquer sans démontrer d'arrogance ni de prétention. Vous avancez vers les autres, vous vous présentez avec une poignée de main ferme, vous les regardez droit dans les yeux en vous nommant et en tendant une oreille attentive à ce qu'ils disent.

Portez attention aux gens que vous rencontrez et à leurs propos. Vous n'avez pas à être en accord avec tout ce qu'ils disent. Au contraire, vous pouvez donner votre opinion sur un sujet tout en faisant preuve de tact, même si vous exprimez un point de vue radicalement différent du leur. Vous faites ainsi transpirer vos valeurs, vos préférences, sans demander à avoir raison, mais en faisant valoir votre personnalité. Vous ne pourrez pas plaire à tous, et ce n'est pas là l'objectif de l'exercice. Si vous tentez de plaire à tout le monde, vous risquez de vous dépersonnaliser et de perdre une partie de l'ascendant que vous tentez de gagner.

Témoignez de l'ouverture, et ce, dans tous les sens du mot. Soyez ouvert à l'opinion des autres, à la critique qu'ils peuvent exprimer à votre endroit ; ouvert à vous améliorer à la suite d'une critique constructive. Comme à l'occasion d'un discours, tenez-vous droit, soyez positif, dynamique, démontrez que vous avez des projets ou que vous cherchez des solutions s'il est question d'enjeux particuliers. Soyez à l'aise, et vous aiderez les autres à l'être avec vous.

Enfin, si quelqu'un se présente à vous ou que l'on vous présente quelqu'un, soyez attentif et concentré sur cette personne, portez attention à ce qu'elle vous dit. Agissez comme si elle était la seule personne dans le groupe et que vous aviez tout votre temps à lui consacrer. Lorsque vous la quittez, serrez-lui la main en portant votre autre main à son bras ou à son dos, cela manifestera la proximité que vous avez avec elle. Cette personne ne vous oubliera plus jamais.

J'ai peut-être l'air de vous donner un cours d'étiquette ou une recette rapide de personnalité, mais ce n'est pas mon but. Je tiens surtout à vous encourager à exprimer qui vous êtes tout en vous montrant ouvert aux autres. C'est une bonne façon de se préparer à prendre la parole en public, car là aussi, il s'agira de vous livrer avec le plus d'ouverture et de conviction possible.

Mais attention. Ce que vous exprimez doit être conforme à vos agissements. Vous ne pouvez pas tenir un discours qui serait plus tard contredit par votre comportement ou votre attitude, vous y perdriez toute crédibilité. Votre crédibilité, c'est votre réputation, c'est votre image et ça fait partie de votre charisme personnel. Chaque fois que vous prenez la parole, vous mettez cette crédibilité en jeu.

Vous pensiez n'avoir pas de charisme, et pourtant, en adoptant les comportements que je vous propose dans mon scénario fictif, vous venez d'augmenter votre qualité de présence et de produire un certain effet de séduction. Vous avez du même coup contribué à renforcer votre confiance en vous ! Et maintenant que vous avez appris à vous livrer tel que vous êtes, il ne vous reste plus… qu'à prendre la parole.

Avoir l'heure juste

Le charisme, c'est comme le génie : c'est rare, mais on aime bien distribuer le qualificatif autour de nous, et ce, assez facilement. Il nous arrive souvent de confondre les qualités soi-disant charismatiques d'un individu avec l'admiration qu'on lui voue ou le respect que l'on porte à sa fonction.

Lorsque vous êtes en possession de responsabilités ou d'un pouvoir quelconque, que ce soit en politique, en affaires ou encore dans un domaine artistique ou culturel, il n'est pas certain que votre entourage vous donne l'heure juste. Attention à la flagornerie et aux compliments non justifiés. Au bout du compte, recevoir une évaluation juste de vos performances ou de ce que vous êtes véritablement vous sera plus utile quand vous prendrez la parole en public.

Vous avez certainement déjà été témoin de cette situation : des gens admirent un jour leur chef sans condition et, le lendemain de son remplacement, les mêmes personnes lui trouvent de multiples défauts. Si on vous encense à la suite de votre prise de parole, en discours ou en entrevue, soyez sur vos gardes ! Sachez différencier la sincérité de l'opportunisme. Il arrive assez fréquemment que des gens en poste de responsabilité soient mal conseillés, même si l'intention de leur entourage est de les protéger ou de les aider à bâtir leur confiance.

Je me plais souvent à le dire : « Le singe devant l'assemblée, ce n'est pas votre collaborateur ou votre conseiller, c'est vous. » Peut-être devrez-vous accepter un commentaire moins élogieux sur le moment, mais il vous aidera à mieux vous préparer pour votre prochaine prise de parole. Lorsque vous préparez une sortie publique et devez prendre la parole, entourez-vous de gens qui vous donneront l'heure juste. Je cite ci-dessous un exemple qui pourrait s'appliquer autant à un dirigeant d'entreprise qu'à un responsable d'organisme ou un cadre.

Vous n'avez peut-être pas accès aux services de spécialistes de la communication, mais vous avez sûrement autour de vous des gens de confiance qui n'ont pas d'autre intérêt que votre bien et le succès de votre prestation.

• •

Un ministre mal conseillé

Je me souviens d'un ministre que j'avais invité pour une longue entrevue ayant pour objectif de permettre au public de mieux le connaître. Il n'était pas en forme, il n'était que l'ombre de lui-même et l'entrevue se déroulait mal, les réponses ne venaient pas, c'était confus, bref, ce n'était vraiment pas bon. Nous avons tout de même terminé l'enregistrement et le ministre est parti. Le réalisateur et moi-même avons alors décidé de ne pas diffuser l'émission, car elle ne rencontrait pas nos critères professionnels.

L'entourage de la personnalité politique a été informé par la suite des motifs de notre décision. Quelques semaines plus tard, je croise le ministre qui me demande :

— Vous ne passez pas mon entrevue ?

Je lui réponds :

— On ne vous a pas informé de la situation ?

— Non ! me répond-il.

Je me tourne vers son personnel politique et je dis à son attaché :

— Vous n'avez pas informé votre patron de la mauvaise qualité de l'entretien ?

Le ministre était consterné, non pas par notre décision, mais parce qu'il n'en avait pas été informé. Est-ce que le conseiller s'était abstenu de dire la vérité à son patron pour le protéger ? Pour éviter de lui déplaire ? Par crainte de sa réaction ? Une chose est certaine : peu importe le motif, je pense qu'il ne lui a pas rendu service en ne lui laissant pas la chance de se reprendre.

• •

Résumons

- La première impression fait foi de tout.
- La tenue vestimentaire porte en elle-même un message.
- Votre habillement doit être adapté à votre domaine d'activité.
- Vous gagnerez toujours à porter un ensemble sobre, élégant et sans artifice.

- Prenez une grande respiration avant de monter sur scène et laissez tomber les épaules.
- Notez la position de vos pieds, qui devraient être légèrement écartés.
- Attention à vos mains : elles parlent. Elles peuvent contribuer à marquer l'importance d'un point.
- Dans vos gestes et dans vos propos, soyez enthousiaste et convaincant, mais sobre.
- Gardez la tête droite. Comme le corps, elle participe aussi à votre présentation.
- Si la situation le permet et si vous vous sentez suffisamment en confiance pour laisser vos notes de côté, passez-vous du lutrin.
- Même le charisme, ça se travaille.
- Ce que vous exprimez doit être conforme à vos agissements.
- Il vous sera utile de recevoir une évaluation juste de vos performances.

CHAPITRE 9

Les conditions gagnantes pour livrer votre meilleure performance

Je n'insisterai jamais assez sur ce point: quand on prend la parole en public, il faut soigner son image. Pensez à sourire, à adopter une attitude positive et à bien choisir votre posture, qui doit être stable et ouverte. Démontrez enthousiasme et dynamisme, car, qu'on le veuille ou non, on est appelé à donner une performance. Et pour performer, il faut se montrer sous son meilleur jour. Dans ce cas, certaines conditions s'appliquent, comme on lit en petites lettres sur les formulaires de concours.

Demeurez en confiance

Rappelez-vous que l'on s'attend à ce que vous performiez, comme si vous montiez sur un ring pour donner le meilleur de vous-même face à un auditoire en attente. Sur la scène, vous êtes en contrôle de votre parole. Pour demeurer en confiance, il vous suffit de prendre votre temps, de vous écouter, de poser votre voix et, surtout, de laisser la salle respirer et digérer votre propos. De là l'importance de toujours inclure des pauses à certaines étapes de votre discours.

Vous vous trompez, vous trébuchez sur un mot? Continuez, poursuivez, c'est un incident banal dont personne ne se souviendra si vous enchaînez rapidement avec la suite de votre discours.

Dites-le avec vos mots

Contrairement à ce que vous feriez si on vous invitait à la télé ou à la radio, il faut que vous preniez une attitude – vous jouez un rôle, celui de l'orateur – tout en restant vous-même. Ainsi, si quelqu'un rédige un discours pour vous, il est nécessaire que vous vous mettiez les mots en bouche. Il faut s'approprier le propos, quitte à sortir du texte pour en dire l'essence avec vos mots, ou encore pour raconter une anecdote qui rendra mieux l'idée ou qui collera davantage à votre personnalité. Pour être en mesure de faire cela et d'improviser, il faut avoir un bon canevas de discours et avoir beaucoup répété au préalable. Beaucoup.

Souvenez-vous de la règle de trois : trois points à développer autour d'une idée centrale. Ce sont vos repères si, pour une raison ou une autre, vous perdez le fil ou avez un trou de mémoire, comme un acteur qui oublie momentanément son texte au théâtre. La structure de votre discours, avec ses trois piliers, est là pour vous rattraper si vous glissez. C'est votre tremplin pour performer, mais aussi votre planche de salut en situation de dérapage.

Truc du métier

UNE ASSURANCE TOUS RISQUES DANS VOTRE POCHE ARRIÈRE

Visualisez vos trois piliers comme des en-têtes de chapitre. Subdivisez ensuite vos chapitres en sous-sections, chacune avec un titre, selon le déroulement de votre discours. Mettez-les sur papier, idéalement sur une seule page. Ça devient un peu ⟩

comme un script qui vous servira d'aide-mémoire à la veille de prendre la parole. Vous pourrez ensuite le conserver dans votre poche arrière en cas de besoin durant votre allocution. Keith Spicer, ancien président du CRTC et grand orateur, suggérait de ne pas essayer d'improviser si vous perdez le fil ou la mémoire. Sortez le plan de votre poche et consultez-le. Personne ne vous en tiendra rigueur si au départ vous avez choisi de parler sans texte.

Ne lisez pas, racontez

Imaginez-vous rentrant chez vous le soir après une longue journée de travail ponctuée d'événements plus ou moins agréables, dont une longue attente sur le pont en raison d'un immense bouchon de circulation qui vous a retardé d'une heure. Est-ce que, pour en faire part à votre conjointe ou à vos enfants, vous allez leur lire une description de votre journée ? Non. Vous allez leur raconter, à votre manière, dans vos mots, ce qui vous est arrivé. « C'est terrible, aujourd'hui, tout est allé de travers. Au bureau, les plaintes au téléphone n'en finissaient pas. J'avais hâte de rentrer, ça m'a pris une heure pour traverser le pont à cause des travaux, ils ont encore fermé une voie. »

Personnellement, je recommande de ne pas lire, autant que possible, votre discours. Si vous devez absolument avoir du papier en face de vous, essayez de vous y référer seulement de temps en temps. Vous devez vous distancier du texte, lever les yeux et regarder les gens à qui vous vous adressez. Les gens veulent vous entendre et vibrer à l'expérience de communication que vous leur proposez. Un texte les fera décrocher, les éloignera d'une expérience plus chaleureuse, plus authentique.

Certains écueils à éviter : les discours trop longs, trop sinueux, qui couvrent trop large. Oubliez aussi les nombreuses digressions qui font perdre le fil, à moins d'être un acrobate du verbe particulièrement habile à faire des saltos arrière. La longueur du discours n'est pas une garantie de succès, loin de là. Il est plus satisfaisant d'entendre les participants dire qu'ils en auraient voulu plus que de voir une salle se vider en urgence dès votre dernier mot prononcé.

Un autre conseil : vérifiez avec les organisateurs si on a prévu une période de questions à la fin de votre allocution. Dans le cadre d'un panel, c'est l'usage, mais ce n'est pas le cas normalement des conférences devant un large public. S'il est contre-indiqué de répondre à des questions durant un discours, il est souvent préférable de ne pas se prêter à l'exercice à la fin, à moins que ce soit motivé par un contexte particulier.

Si, par ailleurs, vous faites une présentation à un petit groupe, attendez-vous à devoir répondre sur l'impulsion du moment, mais encore là, en étant préparé. Les porte-parole professionnels sont rompus à cet exercice qui consiste à se doter à l'avance d'un document de questions-réponses pour pouvoir couvrir tous les angles.

Sachez qui vous précède

En situation de colloque où plusieurs intervenants sont à l'ordre du jour, vérifiez avec les organisateurs quels volets seront traités par les autres conférenciers. Il serait très désagréable pour vous de constater que celui ou celle qui vous a précédé a couvert l'essentiel de votre sujet. Le public serait également déçu de vous entendre dire : « Comme le disait mon savant confrère ; comme le disait le précédent conférencier… » Vous n'êtes pas là comme faire-valoir. Vous êtes là pour faire entendre votre point de vue et pour fournir un éclairage qui vous est propre. Dans un cadre où il y a plusieurs intervenants, vous ne disposerez probablement que de quelques minutes pour faire votre intervention, et vous ne voulez pas perdre du temps à répéter ce que d'autres ont dit.

Demandez toujours aux organisateurs l'ordre des thèmes qui seront couverts, et par qui. Quel est le scénario ? Quel est votre rang dans le scénario ? Ayant réponse à ces questions, vous saurez mieux à quoi vous en tenir et vous pourrez vous préparer en conséquence. Personne n'aime les surprises de dernière minute dans de telles circonstances.

Dosez votre humour

On peut ajouter à la liste des pièges à éviter celui de la surabondance de blagues. Vous ne présentez pas un spectacle d'humour, même si des blagues bien placées peuvent aérer un discours et détendre une salle. C'est pourquoi on suggère aux conférenciers de débuter avec un mot d'humour, ça crée un climat positif et favorable chez vos auditeurs. Employez des phrases courtes de préférence – rappelez-vous l'indice de brouillard et de lisibilité –, ça ajoute de la vigueur et de la conviction à votre propos. Ayez en tête des mots clés que vous pourrez répéter pour bien faire comprendre certains enjeux. Il importe d'être simple et accessible. Cet exercice de synthèse sera apprécié par celles et ceux qui vous écoutent.

Allez droit au but

De grâce, évitez les formules creuses de remerciement, du genre : « Je suis très heureux d'être ici… Je vous remercie pour votre généreuse invitation… Je suis enchanté d'avoir l'occasion de parler à un groupe aussi prestigieux… » C'est non seulement inutile – vous avez été présenté, les gens savent qui vous êtes et on vous a invité pour cette raison –, mais c'est aussi cliché. Entrez dans le vif du sujet le plus rapidement possible, c'est pour cela que votre public est venu vous écouter.

Visualisez votre discours

Avec le temps et beaucoup d'entraînement, on en vient à pouvoir se passer de notes en visualisant son discours, ses parties s'imbriquant les unes dans les autres. C'est impressionnant quand on maîtrise cette technique qui s'apparente à celle de la visualisation chez les athlètes. Ça donne souvent de très bons résultats, car le public nous sait en confiance et en pleine possession du sujet. Or, il faut bien évaluer le risque avant de se présenter sans filet devant un auditoire. Nous n'avons pas tous l'aisance d'un Jean Charest, le sens du punch d'un Lucien Bouchard ou l'humour d'un Brian Mulroney.

Adoptez le bon ton

S'il est recommandé d'adopter un ton enthousiaste, vous n'êtes pas en train de donner un show de motivateur. Si vous voulez convaincre, une argumentation solide énoncée avec confiance vaut mieux que le discours promotionnel qui multiplie les hyperboles et les superlatifs. J'ai parfois assisté à des discours qui ressemblaient à des pitchs de vendeurs ambulants. À l'autre extrême, j'ai vu des leaders sportifs incapables de livrer un simple discours de remise de trophée sans buter sur chaque mot avec des «euh, euh, euh…».

Les funérailles de personnes célèbres, l'annonce du début d'une guerre aux répercussions mondiales, des fusillades dans des universités ou des collèges, l'élection d'un pape, une victoire sportive, une soirée électorale, le dépôt et l'analyse d'un budget gouvernemental, chacun de ces événements commande une approche et un ton différents. Bien évidemment, on adapte son ton aux circonstances, d'où l'importance d'être sensible à l'actualité et au contexte dans lequel on prend la parole, quitte à changer certaines parties de son discours à la dernière minute.

Il n'est pas nécessaire de faire des exercices avec un crayon entre les dents, ou des cailloux dans la bouche comme Démosthène, pour parler de façon audible. L'essentiel, c'est d'être entendu et, pour cela, il faut bien prononcer, certes, mais aussi ne pas bousculer les mots. Faire la pause après le point, en baissant le ton à la fin de la phrase, comme l'enseignaient les religieuses autrefois. Faire une demi-pause après la virgule, en ne baissant pas le ton, et enchaîner. Faire en sorte que les phrases aient une chute et que les virgules restent en suspens, comme dans une longue description ou une énumération. J'écoute parfois certains commentateurs à la télé qui haussent la voix au point, comme s'ils chantaient; c'est plus agaçant qu'autre chose.

On comprend que la ponctuation est comme une note sur la portée en musique. La croche, la demi-croche, la ronde, le point d'orgue; chacune de ces notes a une durée qui permet au son d'avoir un rythme. C'est ce que produit la ponctuation en donnant un rythme à la lecture et un temps pour respirer. Et alors, votre auditoire pourra s'exclamer: « C'est de la musique à mes oreilles ! »

Jouez du silence

Dans un contexte d'entrevue, le silence est un moyen mis à la disposition de l'intervieweur pour faire réagir son vis-à-vis. Les journalistes de la radio et de la télé connaissent bien cette technique qui consiste à laisser planer un silence entre la réponse qui vient d'être entendue et la prochaine question. La personne interrogée se sent rapidement mal à l'aise et veut combler le silence, un peu comme dans un repas autour d'une table, où le silence des convives devient vite insupportable.

Lorsque vous êtes conférencier, vous pouvez utiliser des moments de silence soit pour marquer un point important à la fin d'une phrase ou d'un paragraphe, soit pour faire une pause dans le discours à un moment charnière, soit pour ramener l'attention de votre auditoire. Le silence comme outil doit cependant être manié avec prudence. Idéalement, son utilisation doit être prévue à des moments précis dans votre scénario de présentation. Autrement, il peut être perçu comme un moment de distraction, une perte de sens ou un décrochage. Il est toutefois efficace pour réveiller celles et ceux que vous auriez pu perdre en chemin ou pour mettre fin à une conversation bruyante entre spectateurs, qui perturbe votre concentration et celle de la salle.

Sur le silence, je vous donnerai ce dernier conseil : ne le redoutez pas, surtout en situation d'entrevue avec les médias. Ne craignez pas de l'utiliser à vos fins pour créer un effet, en autant bien sûr de ne pas en abuser.

Adaptez la règle à la situation

Généralement, une intervention dans le cadre d'un séminaire ou d'un panel est plus courte et moins exigeante pour les nerfs. Il suffit de bien posséder ce qu'on a à dire, ce qui ne devrait pas poser de problème si vous êtes un expert, et de respecter le temps qui vous est alloué. En situation de panel, il convient de s'en tenir à une idée forte et de la développer de façon succincte. Souvent, la formule panel s'accompagne d'une période de questions assez longue ; mieux vaut garder du matériel en réserve et être plus bref lors de l'intervention. L'auditoire vous en sera reconnaissant.

Une présentation d'affaires, particulièrement dans un climat de concurrence, exige de séduire et de convaincre. La tentation initiale est de parler de soi, de ses réalisations, de son parcours et de ses succès. C'est un réflexe naturel, mais improductif quand on se place – encore une fois – dans les souliers du récepteur.

La règle d'or, en effet, c'est de se mettre à la place des personnes ou des organisations que l'on souhaite séduire et convaincre. Il faut avoir fait l'effort de comprendre leurs attentes et leurs besoins. Autrement dit, avoir sondé leur domaine d'activité afin de mieux comprendre leurs préoccupations et ainsi d'anticiper leurs désirs et d'être prêt à y répondre. S'agit-il d'un problème de gestion, de marché, de communication ?

Tout comme pour un discours ou pour une entrevue de longue haleine, il vous faut annoncer vos couleurs au début, fixer des repères pour les auditeurs et les accompagner dans la progression de la présentation pour vous assurer : un, qu'ils vous suivent ; deux, qu'ils ont compris. À la fin, reprenez vos principaux arguments et les points que vous vouliez marquer. Alors seulement, et seulement si le temps le permet, parlez de vous-même ou de votre firme. Généralement, toute cette information est disponible sur papier et il suffit de la distribuer.

Au bout du compte, vos clients voudront savoir si vous avez une ou des idées, une ou des solutions à proposer qui collent à leurs objectifs ou qui répondent à leurs préoccupations. Quand cette équation est établie, vous pouvez leur parler de votre expérience et d'une situation semblable que vous auriez résolue avec succès. Gardez pour la fin vos faits d'armes et les bons mots sur votre profil professionnel. Dites-vous bien que vos prospects ou donneurs d'ouvrage ne souhaitent pas entendre parler de vous ; ils veulent entendre parler de leurs affaires, de votre point de vue sur ces affaires et, ensuite, de votre capacité à les aider.

Dans l'exemple qui suit, vous verrez qu'il peut parfois être payant de prendre des risques, pourvu qu'on soit préparé. En créant un effet de surprise, on accroche l'attention et on met son auditoire dans de meilleures dispositions d'écoute. Cette approche peut s'appliquer à certains contextes d'affaires – réunion d'affaires, présentation devant un conseil d'administration, réunion d'employés ou assemblée d'actionnaires –, mais je la réserverais aux situations où la créativité a davantage sa place.

Truc du métier

UN PITCH RÉUSSI

Imaginez-vous en situation de présentation spéculative (pitch) devant des clients potentiels. Ils sont quatre autour d'une table de conférence et ils vous ont réservé une heure en fin de journée pour votre présentation. Ils sont fatigués, ils ont vu trois firmes avant la vôtre et ils commencent à bâiller. Un peu renfrognés, ils sont sur la défensive, car ils s'attendent à un show son et lumière sur PowerPoint, comme ils en ont vu toute la journée. Mais, surprise, vous arrivez avec un tableau à feuilles mobiles (*flipchart*), et vous commencez votre présentation en écrivant au feutre sur la première feuille leurs principaux enjeux. Partant de là, vous débutez comme si vous étiez déjà en situation de travail et vous échangez avec eux sur leur problématique et sur les solutions que vous proposez pour les aider à atteindre leurs objectifs. Nul besoin de faire défiler les curriculum vitæ de toute votre équipe, car ils vous voient à l'œuvre. Ils sont à même d'apprécier votre façon de travailler et, surtout, ils découvrent que vous avez fait vos devoirs, que vous êtes prêt à vous mettre au boulot dès la première minute.

Cet exemple est tiré d'un cas réel où un des consultants a remporté un appel d'offres en prenant le risque de s'amener en présentation équipé seulement d'un *flipchart* et de son cerveau. J'admets toutefois que c'est un exercice périlleux, mais combien efficace, qui suppose une recherche en profondeur et une grande préparation en amont. C'est l'équivalent de se présenter devant une salle sans discours… Là encore, prudence et préparation, préparation, préparation.

Portez attention aux détails

Le diable est dans les détails, disent les Anglais. Quand il s'agit de conférences ou de grands discours, les détails sont dans la technique et la logistique. Il est toujours requis de visiter préalablement la salle où l'on prononcera un discours, de s'en faire une image physique et mentale. Cela peut vouloir dire, si l'occasion vous est offerte, de monter sur la tribune, de tester le micro, de s'assurer que les affiches sont en place le cas échéant, de repérer la table d'honneur, d'identifier les commanditaires, bref, de « humer » la salle, comme je vous le suggérais plus tôt.

Si des supports visuels sont prévus pour votre prestation, testez-les avec les techniciens. Assurez-vous que le micro est ajusté à votre taille et qu'il fonctionne bien. Faites un essai en vérifiant que votre bouche est à la bonne distance, ni trop près, ni trop loin ; il doit normalement y avoir un espace de la largeur de votre main entre vos lèvres et l'appareil. Gardez une distance idéale du micro pour ne pas créer de réverbérations ou de bruits de frottement. Prenez une position solide sur vos pieds par la même occasion. Si vous vous balancez en cherchant votre équilibre, le micro s'éloigne, et le son aussi se balance, au grand dam de vos auditeurs. Prenez une posture confortable et gardez-la. Faites de même avec le micro ; mesurez la distance et maintenez-la.

Évitez les accessoires encombrants

Vous voulez créer un effet en portant un masque à gaz et un gilet pare-balles ? Soit, mais n'en faites pas trop. Tout accessoire peut vous distraire si un pépin survient avec l'équipement. Rappelez-vous les diapos en désordre du PowerPoint, l'écran flou, l'image mal cadrée, les statistiques illisibles. Rappelez-vous surtout que les petits détails comptent, que la première impression est cruciale et qu'il suffit parfois d'un menu détail pour tout faire dérailler.

J'ai déjà reçu une belle grosse bague en cadeau d'une tante qui revenait de voyage. Elle ne valait pas très cher, elle avait surtout une valeur sentimentale. Un jour, le réalisateur de mon émission m'a demandé de l'enlever. Pour deux raisons : elle risquait d'accrocher le micro ou encore un élément de décor et de faire du bruit alors que nous étions en direct ; et elle donnait une impression de richesse déplacée dans le contexte d'une émission qui visait à se rapprocher des gens ordinaires.

Utilisez intelligemment les supports visuels

Personnellement, je ne suis pas un grand partisan des supports visuels comme les documents PowerPoint. Combien de fois voit-on un conférencier ou un présentateur nerveux se mêler dans ses boutons, avancer, reculer, perdre finalement le fil de son discours alors que son auditoire fixe désespérément l'écran dans l'espoir de le retrouver ? La plupart du temps, c'est une béquille. Si on ne peut s'en passer, il est préférable de confier à une tierce personne le soin de la projection pour nous libérer de ce souci supplémentaire.

Cependant, si le contexte s'y prête, l'outil PowerPoint peut aider à synthétiser sa pensée, à organiser ses idées. Oui, pourvu que l'on n'abuse pas de texte à l'écran. *Less is more.*

La règle de trois vaut là aussi. Tenez-vous-en le plus possible à trois points et argumentez verbalement. À la rigueur, utilisez uniquement le support visuel pour présenter des images. Mieux vaut une image qu'un bloc de mots ou un schéma compliqué, sinon l'auditoire lira la diapo, tentera de déchiffrer le sens des flèches sur le schéma et ne vous écoutera plus.

Certains orateurs professionnels qui font les grands circuits utilisent à merveille le télésouffleur, mais ce n'est pas recommandé si vous débutez dans l'art de parler en public. Vous serez porté à lire et vous courrez alors le risque de donner l'impression à vos auditeurs de parler au télésouffleur au lieu de vous adresser à eux.

Pour être franc, même si je suis un gars de télévision, je n'ai jamais aimé le télésouffleur. Je ne m'en servais pas, sinon pour me voir en action et suivre le programme alors qu'il se déroulait. Ça me gardait branché sur le direct et sur ce qui se passait sur le plateau, mais j'évitais de fixer la surface du télésouffleur, pour me concentrer plutôt sur l'œil de la caméra, le centre de la lentille. C'est là que se trouve l'auditoire en télé.

La télévision et la radio ont été pour moi des écoles formidables pour peaufiner mes techniques de communication orale et perfectionner mon talent d'intervieweur. Les médias, qu'on appelle souvent le «quatrième pouvoir», nous offrent chaque jour une manne d'exemples qui illustrent le pouvoir de la parole publique et de l'image. Au prochain chapitre, je vous invite à faire une incursion dans cet univers.

Résumons

- Pour demeurer en confiance, il vous suffit de prendre votre temps, de vous écouter, de poser votre voix et, surtout, de laisser la salle respirer et digérer votre propos.
- Il est nécessaire que vous vous mettiez les mots en bouche. Il faut s'approprier le propos.
- Ne lisez pas, racontez.
- Vérifiez avec les organisateurs quels volets seront traités par les autres conférenciers et quel est l'ordre des conférences.
- Évitez la surabondance de blagues.
- Évitez les formules creuses de remerciement.
- Une argumentation solide énoncée avec confiance vaut mieux que le discours promotionnel.
- Vous pouvez utiliser des moments de silence : pour marquer un point important, pour faire une pause à un moment charnière, pour ramener l'attention de l'auditoire.
- En situation de panel, il convient de s'en tenir à une idée forte et de la développer de façon succincte.
- La règle d'or, c'est de se mettre à la place des personnes ou des organisations que l'on souhaite séduire et convaincre.
- Il est toujours requis de visiter préalablement la salle où l'on prononcera un discours, de s'en faire une image physique et mentale.
- Si des supports visuels sont prévus pour votre prestation, testez-les avec les techniciens. Assurez-vous que le micro est ajusté à votre taille et qu'il fonctionne bien.
- Prenez une posture confortable et gardez-la ; faites de même avec le micro.
- Évitez les accessoires encombrants.

CHAPITRE 10

Parler aux médias

Depuis le début de ce livre, je me suis essentiellement concentré sur le discours devant public, sur l'allocution dans le contexte d'une conférence devant une chambre de commerce ou dans le cadre d'une réunion d'association professionnelle. Cependant, mon expérience m'a amené à bien comprendre la dynamique de l'entrevue avec les médias, ainsi que les techniques employées à la fois par les journalistes et par les autres professionnels du métier. J'ai eu notamment l'occasion d'assister à une multitude de conférences, de rencontres et de points de presse et de voir à l'œuvre des porte-parole de tout acabit.

J'ai commencé à la radio en région, ce qui est une très bonne chose pour un jeune qui amorce une carrière en communication. Avec l'avènement des grands groupes médiatiques, c'est sans doute plus difficile aujourd'hui d'avoir sa première chance. La radio est un média techniquement plus souple et plus simple, mais elle ne permet pas le langage non verbal, si efficace en télévision, que j'ai eu l'occasion d'explorer en profondeur au fil du temps.

Après un bref passage à la gestion d'un hebdo régional dont j'étais un des propriétaires, j'ai animé une émission à Télé 7 à Sherbrooke, dans une formule qui a eu tellement de succès qu'elle a été diffusée pendant dix ans à TVA par la suite. Également à TVA, j'ai animé une émission d'entrevues intitulée *L'heure juste* pendant dix autres années. À cela s'ajoute mon expérience à Télé-Québec comme animateur d'échanges et de débats sur de grands enjeux de société, dans le cadre de ce qui s'appelait alors *Les commissions Mongrain*. J'ai joué aussi le rôle de chef d'antenne à TQS (aujourd'hui la chaîne V), où je livrais un bulletin de nouvelles commenté qui a fait ma marque de commerce dans le monde des communications médiatiques.

Au cours de ma carrière, j'ai été confronté à toutes sortes de situations d'entrevue, d'animation, de reportage. J'ai vécu comme chef d'antenne les événements dramatiques du 11 septembre 2001, de la crise d'Oka, de la crise du verglas, des inondations du Saguenay et de Saint-Jean-sur-Richelieu, de soirées électorales et référendaires. Comme intervieweur, j'ai rencontré des personnalités issues de tous les horizons et de toutes les sphères d'activité.

Cette expérience m'a amené à réfléchir au métier et aux gens qui, un jour ou l'autre, se retrouvent devant un micro, une enregistreuse ou une caméra. Le cadre d'entrevue peut varier, du topo pour un bulletin de nouvelles à la longue entrevue d'affaires publiques, mais dans toutes ces situations, si on est le porteur du message, il faut se préparer.

La peur des journalistes

La crainte qu'inspirent les médias aux chefs d'entreprises rappelle la peur que leur inspire l'idée de parler en public devant une foule. La conférence de presse, par exemple, est une tribune généralement peu prisée par les dirigeants et les gens d'affaires. Ils craignent le barrage de questions des journalistes, ils ont peur de glisser sur une peau de banane s'ils parlent trop. Plus la nouvelle est importante, plus ça devient intimidant, car il est probable qu'on aura à faire face à un groupe plus imposant de représentants des médias venus nous entendre. C'est un auditoire qui sera sans doute davantage motivé à vous écouter qu'un public de chambre de commerce, mais qui sera aussi beaucoup plus actif et plus critique.

D'une certaine manière, pour bien parler aux médias, la préparation n'est pas très différente de celle à laquelle on se soumet avant de livrer un discours. Il faut connaître son message, le maîtriser et être prêt à le transmettre de la façon la plus authentique et efficace possible. Une allocution courte, factuelle et sans fioritures est à privilégier, à moins que vous fassiez la promotion d'un spectacle d'humour ou d'une nouvelle série télévisée. En règle générale, la nouvelle est livrée sobrement et peut se décliner en quelques messages que les professionnels des relations publiques appellent « messages clés », soit les principaux points que vous souhaitez faire passer dans le but que les médias les reprennent.

La conférence ou la rencontre de presse suppose aussi une bonne préparation, surtout en prévision de la période de questions, la plus intéressante du point de vue des médias. Celle-ci peut prendre la forme de questions groupées à la fin d'une rencontre de presse ou d'entrevues individuelles, réalisées sur place ou en studio. Il y a également les *scrums*, formule bien connue des politiciens. Vous êtes debout face à un essaim de journalistes qui brandissent micros, caméras et enregistreuses et vous mitraillent de questions.

L'entrevue

Le contexte des entrevues varie aussi selon le média. Les entrevues les plus difficiles à réussir sont habituellement celles qui sont données à la radio ou à la télé. Elles exigent de très courtes réponses, des clips appelés en anglais *sound bites*, des segments de dix à vingt secondes qui doivent faire image, car vous n'aurez pas le loisir d'approfondir le sujet. Les médias comme la télé ou la radio ont peu de temps pour décortiquer la nouvelle, ce qui est moins le cas pour les médias écrits. Le risque avec l'écrit, par contre, c'est de trop vous étendre lors d'un échange de longue haleine avec le ou la journaliste. Combien de fois entend-on un porte-parole se plaindre d'avoir été mal cité ? Parfois, il suffit de revoir ce qu'on a dit au journaliste pour comprendre qu'on s'est laissé aller aux confidences *off the record*, au point d'en dire plus que nécessaire.

En tant qu'animateur à la télé, le format dans lequel j'œuvrais me permettait des entrevues un peu plus longues, et je distinguais tout de suite le porte-parole bien préparé de celui qui ne l'était pas. La meilleure façon de se préparer, pour une organisation, c'est de faire preuve de jugement, d'identifier à l'avance les points sensibles et les éléments qui sont susceptibles de faire déraper la couverture médiatique. Le porte-parole doit analyser son dossier, son projet ou son produit du point de vue de l'intérêt public, car c'est le point de vue qu'adoptera le journaliste en toute circonstance.

Je me souviens d'un porte-parole qui, au cours d'une entrevue à la télé, essayait de me convaincre d'admettre l'inadmissible : une grande institution financière avait eu la merveilleuse idée d'offrir une carte de crédit à des jeunes d'âge scolaire pour les initier à l'économie. J'étais outré. Pour toute réponse, j'ai demandé des ciseaux, j'ai sorti de mon portefeuille ma carte de crédit de cette institution et je l'ai découpée en ondes, en direct. Disons, pour être poli, que son message n'est pas passé, et que le mien a été percutant.

Même si elle est bien préparée, une organisation ne peut pas tout prévoir. Les accidents arrivent. Les crises aussi. Les enjeux de société émergent. Les affrontements, les conflits, les innovations, les grands projets font la une. C'est autant de matière à nouvelles pour les médias, qui se nourrissent aux controverses, aux points de vue divergents, aux scandales et à la nouveauté. Le journaliste d'aujourd'hui est souvent surchargé, a peu de temps pour fouiller et doit produire sur de multiples plateformes. Parfois, il veut se faire un nom et il sera peut-être plus incisif dans ses questions. Pour d'autres, c'est une question de réputation : ils veulent démontrer leur maîtrise en tant que professionnels dans l'échange.

Un bon porte-parole est capable de maintenir l'attention du journaliste sur ses messages, et de retomber sur ses pattes s'il fait face à des questions difficiles, grâce à des formules d'enchaînement appelées *bridging* dans le langage des experts en relations de presse. Ça lui permet de mettre ses messages de l'avant ou d'y revenir, d'où l'image de faire des « ponts » avec ces messages. Généralement, ça fonctionne assez bien. L'intervieweur ou le journaliste n'a d'autre choix que de prendre ce que vous lui donnez comme information. Si vous ne voulez pas faire partie des mal cités, restez en ligne avec vos messages.

On doit cependant éviter d'abuser de ces formules, du genre : « Bonne question, mais l'important c'est... Le véritable enjeu est... Ce qu'il faut comprendre, c'est...» Ça fait «cassette», parfois au détriment de votre crédibilité. De toute façon, bien souvent le journaliste est un généraliste qui ne connaît pas votre secteur d'activité et qui vous posera des questions ouvertes, propices à la livraison de vos messages.

L'attitude est aussi importante avec les médias. Une personne trop agressive ou trop timide, trop convaincue de son propos ou pas assez, passera très mal à la télé. C'est probablement aussi vrai pour une entrevue à la radio. Si vous jouez votre cassette, il n'est pas certain que vous ayez du succès avec des intervieweurs aguerris; ils sentiront que vous voulez esquiver la question.

Le spécialiste, lui, a souvent du mal à se restreindre en entrevue. Il veut tout expliquer, au risque de confondre le journaliste ou de lui offrir trop de prises pour le coincer. La règle ici est la mesure: une fois votre message livré, vous arrêtez. Laissez le silence perdurer s'il le faut. C'est au journaliste de reprendre la parole, pas à vous, et il le sait.

Les porte-parole

Je me souviens d'une entrevue que j'ai faite avec une porte-parole de la Société de l'assurance automobile du Québec, qui avait été particulièrement désastreuse. Nous avions été mis au fait que des écoles de conduite délivraient des permis de rouler à moto sans poser trop d'exigences aux jeunes qui se présentaient. C'était plus ou moins des permis de complaisance, accordés sous la foi de quelques questions sur un formulaire. J'ai fait appel au service des relations publiques de la SAAQ, et ces gens m'ont envoyé une dame que je voyais pour la première fois, que je ne connaissais pas.

Il n'y avait que cinq inspecteurs pour l'ensemble des écoles. Nous avions fait nos recherches. Le système de délivrance des permis était donc impossible à contrôler, et il y avait des failles évidentes. Or, la dame s'évertuait à me convaincre qu'il n'y avait pas de problème, que ces allégations étaient fausses. J'avais pourtant en main un cas flagrant, avec l'attestation du jeune et le témoignage de la mère. À l'évidence, le jeune n'avait pas la connaissance de base pour conduire une moto et on lui avait accordé un permis. La situation était inconfortable, et j'ai décidé de pousser un peu pour faire sortir le chat du sac.

J'ai demandé à la dame sur un ton poli si, moi, je pourrais conduire une moto de 1100 cc. Elle m'a répondu que non, puisque je n'avais pas suivi la formation spécifique pour ça, comme le voulait la loi. Je lui ai reposé la question : «Est-ce que moi, qui n'ai jamais conduit une moto de ma vie, je pourrais conduire une moto demain ? » Elle m'a répondu de nouveau : non. J'ai alors sorti mon permis en ondes et j'ai lu les conditions au dos, où il était écrit que je pouvais conduire plusieurs types de véhicules, dont une moto (il s'agissait d'une clause grand-père pour les vieux conducteurs comme moi). Et je lui ai demandé : «Croyez-vous que ce serait raisonnable pour moi de conduire une moto de 1100 cc ? »

Et là, à ma grande surprise, elle s'est mise à pleurer. Elle pleurait en direct et j'essayais vainement de la calmer. Je lui ai dit enfin : « Calmez-vous, nous allons aller à la pause. » Pendant la pause publicitaire, elle a continué de pleurer, convaincue, me disait-elle, qu'elle allait perdre son emploi après sa piètre performance. Elle m'a confié que c'était la première fois qu'elle faisait de la télévision et qu'elle commençait à la SAAQ. Quand le régisseur m'a fait signe que nous devions reprendre dans une minute, elle m'a dit qu'elle ne voulait plus être là et elle a quitté précipitamment le plateau.

À la reprise, j'ai expliqué aux téléspectateurs que c'était une première entrevue à la télévision pour la dame, et que la SAAQ avait fait preuve d'un manque total de professionnalisme en l'envoyant à mon émission. «Si jamais elle perdait son emploi, avais-je ajouté avec force, j'aimerais qu'elle me rappelle, car la décision de son patron n'avait aucun bon sens.»

Par ailleurs, j'ai vu des porte-parole trop bien préparés qui s'accrochaient à leurs messages et qui n'étaient pas toujours crédibles. Je pense en particulier à la ministre de l'Éducation de l'époque, Michelle Courchesne, venue à mon émission pour parler de décrochage scolaire. Elle s'obstinait à me parler de raccrochage scolaire comme d'un motif de fierté pour le Québec, alors même que le taux de décrochage atteignait 40 %! À mon avis, en insistant autant sur le raccrochage et en minimisant le problème bien réel du décrochage, elle produisait l'effet contraire de celui recherché. Elle m'obligeait à insister sur le vrai problème, puisque je trouvais indécent qu'on se vante en matière de raccrochage alors que le décrochage atteignait des sommets.

Il y a un porte-parole dont j'admire particulièrement le talent: Carol Montreuil, qui représente l'Institut des produits pétroliers. Nul autre que lui n'est capable de si bien répondre aux journalistes sur la question de la fluctuation des prix de l'essence. C'est un virtuose qui traverse un champ de mines en sifflant, et pourtant il ne peut pas gagner. Son sujet suscite l'incompréhension, la colère, la frustration. Malgré tout, avec une habileté consommée, ce cher Carol nous explique qu'en dépit des perceptions, l'essentiel du prix que l'on paie à la pompe vient des taxes et des taxes de toutes sortes, qu'il y a les coûts de raffinage et de transport, les coûts de marketing, etc. Il nous enterre sous un amas de chiffres et de données. Au bout du compte, il nous convainc presque que nous ne payons pas assez cher.

Le métier de porte-parole, j'en conviens, n'est pas de tout repos. Certains, comme Jean-Pierre Roy de Loto-Québec, en ont fait une routine et sont capables de répondre à n'importe quelle question. Tout comme l'art du discours, c'est une discipline et ça demande de l'entraînement. Et tout comme le discours, ça exige une maîtrise du message à transmettre et de la manière de le transmettre.

Plusieurs anciens journalistes et autres professionnels de la communication offrent des formations à l'entrevue avec les médias. Ces formations sont habituellement fort pertinentes pour quiconque veut se préparer lors d'une annonce importante, d'une urgence ou d'une situation difficile. On y apprend à bien distinguer le type de média auquel on s'adresse, à mieux comprendre le travail des journalistes et leurs motivations et, surtout, à mieux performer en entrevue grâce à certaines techniques. On simule une entrevue en studio, un *scrum* dans un corridor ou encore une interview par téléphone pour la radio. Ces essais sont captés sur vidéo et visionnés ensuite pour analyser votre performance en notant lacunes et progrès. L'objectif, en fin de compte, est de vous aider à maîtriser vos messages et à demeurer en contrôle durant l'entrevue, en faisant attention à votre propos, mais aussi à votre apparence et au langage non verbal.

Poser la question...

Pour celle ou celui qui est derrière le micro, la parole est peut-être d'argent, mais c'est la question qui vaut de l'or.

Ma façon de me préparer à mener une entrevue est plutôt simple. Je me fais un plan: un plan de la personne à interviewer et un plan du sujet. Je ne rencontre jamais mes invités avant d'aller en ondes, histoire d'éviter de possibles conflits de parenté ou d'amitié, mais je me renseigne suffisamment pour savoir à quoi m'attendre. L'un, par exemple, est un orgueilleux; un autre vient vendre sa salade; un autre encore n'est pas à l'aise, il est en mission commandée. Puis je décortique le sujet et j'essaie de distinguer çà et là les perches grâce auxquelles je pourrais faire sortir l'information ou tout simplement la vérité de leurs bouches.

Je me rappelle à ce sujet une entrevue que j'ai réalisée avec monseigneur Marc Ouellet, alors évêque de Québec, au moment où les discussions allaient bon train sur ses possibilités de devenir le prochain pape. Il avait fait des déclarations plutôt maladroites sur la place des femmes et sur l'avortement. Je l'ai laissé me livrer son discours pastoral, en ligne avec les dogmes du Vatican, pour expliquer sa récente sortie. Puis je lui ai demandé à qui il s'adressait quand il me répondait de cette façon: aux croyants et chrétiens d'ici, ou au collège électoral qui aurait bientôt à élire un nouveau pape. Il avait été choqué par ma question, qu'il a d'ailleurs rejetée du revers de la main. Manifestement, la fonction de futur cardinal avait pris le pas sur celui de pasteur du peuple, mais cela, il ne l'aurait jamais admis.

Les gens en entrevue ne s'en rendent pas toujours compte, mais ce sont souvent leurs réponses qui permettent au journaliste ou à l'animateur de relancer une question:

— Je n'étais pas présent quand a eu lieu l'incident, j'étais à Trois-Rivières.

— À Trois-Rivières. Qu'est-ce que vous y faisiez ?

— Je jouais dans un tournoi de golf organisé par mon entreprise.

— Au golf, pendant que votre enfant était seul avec une détraquée ?

Bon, vous avez compris. La réponse appelle la question suivante, et celle-ci est parfois plus cruelle que la précédente. Je dis souvent aux personnes peu habituées à donner des entrevues : « La première question, c'est comme chez le dentiste, c'est pour vous geler. C'est après que le vrai travail commence. »

L'autre technique que j'employais, surtout dans les entrevues plus délicates, consistait à utiliser les préjugés ou les remarques des autres pour introduire une question, du genre : « J'ai entendu dire que… On m'a dit que… Certaines personnes pensent que… » Souvent, c'était le déclencheur d'un moment fort de télévision, notamment dans le cadre de témoignages avec des personnalités ou des gens éprouvés par la vie.

Je pense par exemple à l'entrevue que j'ai réalisée avec Alys Robi, qui a connu ses heures de gloire comme chanteuse au Québec dans les années 1940 et 1950. On se souvient en particulier de sa chanson *Tico, Tico*, qui a plus tard inspiré un célèbre jingle de publicité. C'était une grande dame, mais on m'avait prévenu discrètement qu'elle avait un problème de santé mentale. On me disait, sur le ton de la confidence : « 'Est folle. »

Pendant l'entrevue, j'ai décidé d'utiliser cette information. J'ai confié à Alys Robi qu'avant que je l'invite à l'émission, on m'avait prévenu que ce n'était peut-être pas une bonne idée. « "Elle ne va pas bien", m'a-t-on dit, et certaines personnes m'ont même soufflé à l'oreille : "Est folle." » « Vous avez entendu ça, m'a-t-elle répondu superbement. Moi, je l'entends tout le temps quand les gens me reconnaissent après que je suis passée devant eux. Vous savez, a-t-elle ajouté, c'est un poids terrible d'entendre ce commentaire une fois que vous êtes passée. »

En prêtant une question à d'autres, ce n'est pas toujours dans l'intention d'avoir la vérité, mais d'entendre au moins une vérité. D'aller chercher ce que cette personne a à dire.

Avec les politiciens, il faut cerner la question d'intérêt public plutôt que de se faire le porte-voix de l'opposition avec une question plantée ou convenue. De façon générale, ma façon de faire est de poser une question simple et d'écouter. Je ne pose pas, comme certains, des questions qui n'en finissent plus et qui servent surtout à démontrer la connaissance qu'a l'intervieweur du sujet. J'en connais qui, dans leur question, vont prendre quinze minutes pour faire l'historique du sujet des origines à nos jours, présenter la problématique sous toutes ses coutures et enfin chercher confirmation de leurs dires auprès de l'interviewé. Ce dernier n'a alors plus qu'à répondre « En effet » ou « Comme vous dites ».

Mon approche, c'est plaider d'emblée l'ignorance et laisser la personne interrogée nous éclairer sur son sujet. Je n'écris jamais mes questions sur une feuille de papier. Je les ai en tête ou j'y vais à l'instinct. À la fin, il ne s'agit pas de gagner, mais de faire un pas de plus. Est-ce que les gens à la maison ont appris quelque chose et ont pu se faire une idée ? Je crois fermement à l'intelligence des gens. Et même les plus mal avisés, quand on parvient à les toucher dans leurs valeurs profondes, peuvent se révéler capables de changer.

La franchise paie

Quel que soit votre rôle, porte-parole ou conférencier, vous êtes dans une position d'équilibriste sur un fil de fer. Vous devez performer, mais sans en faire trop. Vous devez être capable, au moment de prendre la parole, de vous voir comme un acteur, mais sans surjouer. Votre volonté de performance doit s'équilibrer avec votre honnêteté dans le rendement, le rendu si vous préférez. Si vous vous mettez à « perler », à parler pointu ou à la française pour vous donner un style, vous risquez de provoquer un malaise plus grand que si vous étiez tout crispé sur la scène.

En entrevue, on sent tout de suite quelqu'un qui « patine », tourne autour du pot ou cherche à cacher quelque chose. Le gros bon sens, l'honnêteté et surtout le franc-parler sont les meilleurs atouts du porte-parole, même si parfois toute vérité n'est pas bonne à dire. Mieux vaut alors se taire. C'est comme pour le discours. Si vous n'avez rien à dire, restez chez vous. Refusez l'invitation qui vous est faite, même si elle flatte votre orgueil. Un mauvais discours ou simplement un discours « plate » ne vous rendra pas justice.

Prendre la parole apporte toujours son lot de fébrilité et un certain trac. Or, il y a quelque chose d'enivrant dans le fait de donner une telle performance. Après un discours ou une entrevue qui vous aura demandé beaucoup de préparation et d'efforts, vous serez fatigué, mais satisfait. Vous flotterez comme sur un nuage. Rares sont les gens qui après leur performance disent : « Plus jamais ! » Vous aurez hâte de recommencer. Mais attention, jamais sans préparation. Il y aura toujours place à l'amélioration.

Après ma première émission de radio, j'étais fébrile. J'étais avide d'entendre les réactions à ma performance. Mon père m'a appelé pour me dire que c'était bon. Puis ma mère et une de mes tantes, pour me dire la même chose. C'est tout le feed-back que j'ai reçu. Là, j'ai su qu'il fallait que je travaille encore plus fort. Il faut toujours travailler plus fort pour rejoindre ceux qui ne veulent pas forcément nous entendre.

Résumons

- Il faut connaître son message, le maîtriser et être prêt à le transmettre de la façon la plus authentique et efficace possible.
- La nouvelle est livrée sobrement et peut se décliner en quelques messages.
- La conférence ou la rencontre de presse suppose aussi une bonne préparation, surtout en prévision de la période de questions.
- La meilleure façon de se préparer à une entrevue avec les médias, c'est de faire preuve de jugement et d'identifier les points sensibles. Il vous faut analyser votre dossier, projet ou produit du point de vue de l'intérêt public.
- L'intervieweur ou le journaliste n'a pas d'autre choix que de prendre ce que vous lui donnez comme information. Si vous ne voulez pas faire partie des mal cités, restez centré sur vos messages.
- Une personne trop agressive ou trop timide, trop convaincue de son propos ou pas assez, passera très mal à la télé.
- Une fois votre message livré, arrêtez-vous. Laissez le silence perdurer s'il le faut. C'est au journaliste de reprendre la parole, pas à vous.

- Ce sont souvent vos réponses qui permettent au journaliste ou à l'animateur de relancer une question.
- Le gros bon sens, l'honnêteté et surtout le franc-parler sont les meilleurs atouts du porte-parole.

CHAPITRE 11

En situation

Que vous soyez déjà assis à la table d'honneur, que l'on vous fasse parader dans la salle avant de vous mener à votre place, que l'on vous invite depuis les coulisses à vous présenter sur la scène, que vous soyez derrière le rideau et qu'il s'ouvre sur vous, peu importe la façon dont on a choisi de lancer votre allocution, vous serez l'objet du regard de l'ensemble de la salle. Ce sera votre premier contact et déjà, que vous le vouliez ou pas, les commentaires naîtront dans la tête de chacun. Soyez-en conscient avant, pendant et même après la conférence.

Voici quelques conseils que je vous invite à garder en tête, surtout juste avant de monter à la tribune. C'est le moment où vous vous retrouvez entouré de sympathiques VIP qui, tous, ont envie de prendre un verre avec vous, sans égard au trac qui vous dévore.

Limitez le boire et le manger

Personnellement, je ne mange jamais avant de prendre la parole. Imaginez que vous renversiez de la sauce sur votre belle chemise blanche. Soyez certain que c'est la première chose que remarqueraient les gens dans la salle. Vaut mieux ne pas se sentir lourd au moment de parler. Il est donc préférable de manger un morceau après plutôt qu'avant de prononcer un discours. Je ne prends pas non plus un verre de

vin. L'alcool joue un peu sur les cordes vocales et sur la vivacité. Souvent, la nervosité peut décupler les effets d'un seul
verre de vin. Je vous conseille de résister à la tentation, car il
y a des chances pour que la conférence soit précédée d'un
cocktail avec des invités de marque. Si le discours se donne
en soirée, il importe d'autant plus que vous soyez bien éveillé
au micro, car il n'est pas certain que l'auditoire le soit !

Prenez le pouls du milieu ambiant

Il faut donc être prudent au moment des amuse-gueule ou du
repas lui-même. Les yeux demeurent sur vous, et il vaut mieux
ne pas donner prise aux commentaires sur votre façon de manger ou de vous tenir à table. Manger, pour moi, est un acte
intime que je préfère partager entre amis. Alors, je le répète, on
s'en tient à l'eau minérale et on refuse poliment les apéritifs.

Le moment est cependant propice, lorsque vous êtes en
compagnie des hôtes et des invités d'honneur, pour glaner
des renseignements. Sur la composition de la salle, par
exemple, ou sur les derniers enjeux, les questions ou motivations des organisateurs. En fait, toute information pertinente entendue au hasard de ces rencontres peut vous servir
dans les prochaines minutes pour livrer votre message. Vous
pourrez insérer dans votre discours une information, même
anodine, qui vous fera paraître au fait de ce qui se passe
dans la communauté ou des derniers développements sur
une question particulière. Dites-vous que votre travail commence bien avant que vous vous adressiez à l'auditoire.

Il en est de même au moment où vous êtes à la table d'honneur, où on vous a réservé une place de choix auprès de la
conjointe du président de l'événement, et entouré de quelques

notables de la place ou des officiers de la soirée. Voilà une autre bonne occasion de vous informer des enjeux locaux ou des dernières nouvelles qui pourraient concerner l'auditoire.

Au fil de ces conversations, vous ne devez rien révéler du contenu de votre conférence. Ce n'est pas le moment de répéter ou de tester les réactions. La raison en est fort simple : vous aurez informé un membre de l'auditoire de vos intentions ou de vos propos, et par conséquent dilué chez cette personne son intérêt et du coup son attention. Elle pourrait être tentée de répéter vos confidences à un voisin de table, et ainsi de suite avec l'ensemble des convives. Évitez, comme on dit, de « brûler le punch » avant d'avoir commencé.

Rappelez-vous : la connaissance du sujet n'est pas une garantie de succès quand on parle d'un discours, surtout s'il s'agit d'un premier discours. Il faut qu'il y ait une fébrilité, un certain trac, c'est l'électricité qui alimente le pouvoir, qui donne une énergie. C'est aussi ce qui apporte un élément essentiel au succès du discours : la conviction. Pas seulement par la portée de votre voix, mais également par votre attitude générale.

Le timing

À défaut d'un meilleur mot, disons que le timing de votre conférence est crucial à plusieurs titres. D'abord, il est important que vous sachiez, avant de vous présenter sur place, si vous avez à prendre la parole avant ou pendant le repas, au dessert ou encore à la toute fin, lors du service du café. Vos auditeurs ne vibreront pas au même diapason selon le moment où vous aurez à les entretenir.

Un repas demande au bas mot une heure de service. Il y aura donc une heure durant laquelle les gens seront assis. Ajoutez à cela la possibilité que le vin ait fait son œuvre et que vous arriviez en dernier lieu pour capter l'attention. Vous comprendrez que les gens désireront peut-être faire une petite pause avant de venir, dans un certain désordre, reprendre leur place. Il faudra un certain temps avant que la salle retrouve le calme nécessaire pour que les gens soient en mesure de vous écouter.

Si vous n'êtes pas à l'aise avec ce scénario, demandez aux organisateurs de devancer le moment prévu de votre allocution. La fin du plat principal, avant le début du service du dessert, peut devenir un compromis intéressant. C'est d'ailleurs la formule consacrée dans la plupart des événements de chambres de commerce. Autrement, c'est à vous de négocier le moment de votre intervention avec les organisateurs de l'événement.

Si votre conférence ne se fait pas dans le cadre d'un dîner, mais plutôt d'une conférence ou d'une réunion de type congrès, il vous faut là encore savoir à l'avance quand vous interviendrez dans l'horaire de la journée. Si vous êtes un habitué de tels événements, vous savez que les séances de fin d'après-midi ou de fin de soirée sont souvent les plus pénibles en termes de concentration et de présence. Hélas, le conférencier vedette ou principal est souvent celui qui clôt la journée, sinon la séance, le séminaire ou le congrès lui-même. Vous n'avez guère le choix dans ces circonstances : il vous faut accepter cette règle, mais redoubler de conviction et d'énergie dans le rendu de votre allocution. Vous devrez faire montre de tout le dynamisme dont vous êtes capable.

J'ai connu des événements interminables et où le repas était servi à vingt et une heures avec conférencier en guise de hors-d'œuvre. Celui-ci doit être fait fort et, surtout, avoir un talent fou d'humoriste ou de conteur pour calmer les estomacs qui crient.

Vous pouvez toujours jouer le jeu en incluant votre auditoire. Mentionnez, par exemple, que vous êtes conscient de la période de la journée où vous prenez la parole, que vous-même avez hâte de vous retrouver sur le tertre de départ ou d'assister au spectacle qui suit votre intervention. Jouez-vous de la situation, ce qui aura pour effet de détendre votre salle et de vous rendre sympathique à ceux qui font des efforts quasi diplomatiques pour demeurer sur place afin d'écouter ce que vous avez à dire.

Au signal de départ

Bon, les mondanités sont terminées, vous avez recueilli de précieuses informations en conversant à droite et à gauche, vous vous êtes privé du traditionnel suprême de poulet et n'avez pas bu d'alcool. Vous êtes à la table d'honneur, le maître de cérémonie se rend au podium et commence à vous présenter. Il lit votre curriculum vitæ, il souligne la fierté et le plaisir que tous ressentent à l'idée de vous accueillir, la chance qu'ils ont de pouvoir profiter de votre présence et l'intérêt qu'ils ne manqueront pas de porter à vos propos. Et il termine par ces mots magiques : « Mesdames, messieurs, notre conférencier… »

Attention ! Le temps que durera cette présentation constitue pour vous un moment clé. Il vous appartient non pas de vous laisser bercer par la chaleur et l'amabilité des propos du maître de cérémonie, mais bien d'entrer dans votre bulle, comme le pilote de F1 à quelques secondes du feu vert lorsqu'il est seul sur la grille de départ.

La concentration du pilote avant la course

Je demandais un jour à Jacques Villeneuve ce qui se passait dans sa tête lorsqu'il était encastré dans sa monoplace, qu'il avait enfilé sa cagoule et mis son casque. Il a alors les mains jointes, et on ne voit plus que ses yeux de glace, grands ouverts, qui ne semblent rien voir. «Il ne se passe rien», m'a-t-il confié. Il entre au plus profond de lui-même, il ne pense à personne et, pour un temps, il ne pense même plus à la course qui se déroulera dans quelques secondes. Il est avec lui-même dans sa réalité de pilote, convaincu que tout ira bien. Il a apprivoisé l'instant, il est entré dans un état second, il a canalisé son énergie, il fait monter la pression de sa volonté de réussir, il respire et entretient le calme au-dedans.

Vous êtes ce pilote à la veille du départ. Profitez de ce moment où le présentateur prépare la salle pour entrer en vous, respirer profondément et accumuler votre énergie. Rassemblez vos idées et adoptez une attitude dynamique. Vous pouvez, comme les athlètes, faire de la visualisation en projetant littéralement votre discours dans votre tête, avec sa structure et son déroulement. Comme les spectateurs dans la salle, vous voyez le film, mais en accéléré, à la manière d'une bande-annonce. Puis, lorsque vous entendez le signal de départ, lorsque le présentateur vous nomme, c'est à vous : vous êtes prêt et vous entrez en scène.

Le temps de parole

Le timing, c'est aussi la durée de votre discours ou de votre allocution proprement dite. De grâce, chronométrez-vous. Les discours d'une heure sont rares, et pour une bonne raison. À moins d'être un virtuose de la parole, un *showman* extraordinaire, un motivateur professionnel, vous ne parviendrez pas à maintenir l'attention de votre public, aussi dévoué et sympathique soit-il. Vingt minutes, top chrono, c'est le maximum que vous pouvez exiger d'une salle composée de gens intéressés, à demi intéressés ou pas du tout intéressés. Des gens qui sont venus pour vous ou qui ne vous connaissent pas, des gens qui n'avaient pas le choix ou qui ont été embrigadés à la dernière minute pour remplir une table, ou encore des gens qui ne s'intéressent pas à vous, mais qui aiment votre sujet. C'est un mélange parfois indigeste et difficile à garder en synchronisme avec votre propos.

La concision, dans tous les cas, a bien meilleur goût. Elle est souvent un indicateur que vous possédez votre sujet. Les discours qui s'étirent ou qui partent dans toutes les directions révèlent plutôt une ignorance du sujet ou une absence de structure logique. Si vous prenez quinze minutes au lieu des vingt qui vous sont dévolues, personne ne va monter sur les tables et vous lancer des tomates. Les plus enthousiastes applaudiront plus fort, les autres repartiront plus légers. Vous aurez été clair, concis et précis.

En aucun cas, vous ne voulez vous retrouver dans la situation de la vedette qui tarde à lâcher le micro à la remise des Oscars, quand la musique témoin monte en volume. Concluez rapidement. Le CQFD coule habituellement de source si votre démonstration a été convaincante, rythmée, logique et bien structurée. Faites un clin d'œil à votre auditoire si votre conclusion le permet ; c'est peut-être le moment d'utiliser l'information que vous aurez glanée auprès des invités d'honneur.

Attention à votre finale, car ce n'est pas encore fini ! Vous voulez effectuer votre sortie avec élégance et dignité. Ce n'est pas le moment d'arracher la cravate, de soupirer d'aise comme si vous veniez de gagner le marathon ou d'avaler goulûment le verre de bière ou de vin en guise de récompense. Votre auditoire est toujours là, les convives veulent vous parler, échanger avec vous et vous faire des commentaires. C'est un moment précieux, surtout si vous êtes appelé à redonner un discours sous peu. Allez au-devant pour recueillir les commentaires, savoir si tel ou tel aspect a plu, si votre principal argument a été compris ou si vous avez été trop long.

Souriez ! YouTube et Twitter sont dans la salle...

Vous voulez prendre la parole en public ? À ce moment de votre lecture, si vous n'êtes pas convaincu de la nécessité de vous préparer et d'être constamment conscient de votre per-formance, vous êtes une cause perdue. Oubliez le micro, les tribunes et les plateaux de télé : ce n'est pas pour vous. Et c'est encore plus vrai si l'on considère l'omniprésence des médias sociaux qui ne vous laissent plus aucun coin sombre où vous cacher.

Vous trébuchez en montant l'escalier, comme Jennifer Lawrence aux Oscars en 2013 ? Vous vous étalez de tout votre long, face contre terre ? Vous êtes instantanément sur YouTube, segment vidéo relayé peut-être par un de vos amis journalistes dans la salle. Vous faites un incroyable lapsus au milieu de votre discours ? Les médias sociaux rigolent. Rappelez-vous seulement la blague poussée par Charest au sujet des jobs du Plan Nord, qui attendaient les étudiants qui manifestaient dehors durant le printemps érable. À quoi pensait-il ? ! Les médias sociaux se sont enflammés, les médias traditionnels ont renchéri et il est possible que le premier ministre d'alors se soit mordu plusieurs fois la langue en regardant le *Téléjournal* ce soir-là.

En d'autres mots, vous n'êtes jamais en circuit fermé. J'ai fait des discours devant des conseillers financiers et des assureurs, mais je n'ai pas fait l'erreur de croire que j'étais en leur seule compagnie parce que les portes de l'assemblée étaient closes. Nous prenons la parole en public ? Nous sommes en territoire public. Vous êtes averti, et cela doit compter dans votre décision d'accepter ou non de livrer un discours, quel que soit le groupe qui vous invite, quelle que soit la région où vous donnez ce discours.

Faites le test

ALLEZ À L'ESSENTIEL

Lisez votre discours à voix haute une première fois en notant les moments forts, les pauses et les moments charnières de votre démonstration. Ralentissez votre débit si vous êtes nerveux, ou si vous avez l'impression de parler trop vite ou de ne pas prononcer assez distinctement. Reprenez votre lecture avec en main une montre, un téléphone ou un chronomètre. Calculez le temps, puis élaguez là où vous le pouvez. Rappelez-vous, le meilleur discours va à l'essentiel : vous avez choisi les thèmes que vous voulez couvrir, vous ne pouvez pas tout dire sur un sujet. Isolez la conclusion et exercez-vous à livrer votre CQFD : c'est le message principal que vous voulez laisser à votre auditoire.

Résumons

- Limitez le boire et le manger avant de prendre la parole en public.
- Toute information pertinente entendue au hasard des rencontres précédant votre discours peut vous servir pour livrer votre message.
- Il vous faut savoir à l'avance quand vous interviendrez dans l'horaire de la journée.
- Profitez du moment où le présentateur prépare la salle pour entrer en vous, respirer profondément et accumuler votre énergie.
- Vingt minutes d'attention, top chrono, c'est le maximum que vous pouvez exiger d'une salle.
- La concision, dans tous les cas, a bien meilleur goût.
- Allez au-devant pour recueillir les commentaires.
- Vous n'êtes jamais en circuit fermé.

CHAPITRE 12

Les dix commandements de la prise de parole publique

En guise d'aide-mémoire et pour résumer les concepts clés de ce livre, je vous propose ici les dix commandements de la prise de parole publique. À lire et à relire, sans modération !

1er commandement :
Tu n'improviseras pas

Pas d'improvisation, c'est la première règle. Et si l'on veut absolument improviser – c'est parfois efficace dans un discours public –, la deuxième règle : pas d'improvisation sans préparation.

Se préparer veut dire connaître son sujet, mais aussi savoir à qui l'on va s'adresser et dans quel contexte. Cela implique de bien connaître l'horaire de l'événement, sa place dans l'horaire et le temps qui nous est alloué. Il est bon de visiter les lieux, de prendre la mesure de la salle et de l'environnement, de vérifier la technique, le micro, les supports visuels le cas échéant. On n'est jamais trop méticuleux ni trop préparé.

Préparation veut aussi dire exercices rigoureux. On se relit, on s'écoute, on se chronomètre. On visualise son discours, on se le répète, et si on nous impose un sujet, on fait ses recherches, on se familiarise avec le thème du congrès ou de la conférence.

2e commandement :
Tu connaîtras ton public

Qui sont les gens qui viendront vous entendre ? Dans quel domaine œuvrent-ils ? Dans quel type d'entreprise ? Sont-ils sérieux, coincés, décontractés ? Des créatifs ou des opérateurs ? Des entrepreneurs ou des fonctionnaires ? Qu'est-ce qui les fait vibrer ? Qu'est-ce qui les tient éveillés la nuit ? Qu'attendent-ils de vous ?

Toutes les réponses à ces questions vous permettent d'adapter votre discours à l'auditoire. Elles vous aiguillent sur le type d'humour que vous pouvez utiliser, sur des anecdotes que vous pouvez raconter ou sur certaines formules provocantes que vous pouvez mettre de l'avant pour faire réagir vos spectateurs. L'actualité fournit souvent du bon matériel à cet égard, en fonction de leur secteur d'activité. Ce sont des ingénieurs ? Ma foi, vous allez avoir du plaisir en puisant dans les archives de la commission Charbonneau. Des médecins ? Allez-y donc sur leur rémunération, question de tester deux ou trois préjugés et de faire bondir votre public !

Ce qui est vrai d'un auditoire est aussi vrai pour les journalistes, chroniqueurs ou animateurs à qui vous donnerez une entrevue. Sachez qui ils sont. De quel média, avec quelle attitude ? Qu'ont-ils dit ou écrit par le passé sur le sujet que vous voulez aborder en entrevue ? Sont-ils hostiles au départ ? Sachez que bien souvent, ils ont une idée en tête. En ce qui me concerne, comme je l'ai mentionné, je me suis toujours préparé. J'avais un plan sur le sujet et sur la personne que j'allais interviewer, j'avais un objectif.

3e commandement :
Tu parleras pour être compris

L'érudit en vous veut briller ? La tribune publique où vous donnez un discours n'est pas l'endroit, comme on dit en langage populaire, pour « beurrer épais ». Au contraire, votre capacité à vulgariser, à simplifier et à clarifier vos propos est votre meilleure carte pour être compris, même par vos pairs qui connaissent le vocabulaire technique.

Un corollaire au 2e commandement: **Tu adapteras ton discours au public.** À l'autre bout du processus de communication, quand vous parlez, il y a le récepteur. Qu'est-ce qui l'intéresse ? Peut-être qu'une anecdote pertinente le rangera de votre côté. Une touche d'humour finement amenée le fera sourire et le mettra dans de bonnes dispositions pour la suite. Une image qui lui parle fera aussi bonne impression.

La concision passe mieux que n'importe quel discours qui dépasse les vingt minutes réglementaires. Des phrases courtes aident à se faire comprendre et donnent du rythme au discours. On ne craint pas de répéter un point important; répéter, c'est informer. Les exemples aussi sont parlants, aident à la compréhension d'un contenu plus complexe. On gagne souvent à sortir du discours linéaire pour parler de soi, d'une expérience vécue, d'un cas qui nous a ouvert les yeux ou encore d'une mésaventure qui colle bien à notre propos. Les gens aiment les témoignages personnels, pourvu que vous n'en fassiez pas la trame complète de votre discours.

4ᵉ commandement : *Tu seras énergique, convaincu et enthousiaste*

L'attitude est aussi importante, sinon plus, que la parole dans un discours public. Le meilleur discours sur papier, dit platement, sera plat. Dit mollement, sera somnifère. Dit avec hésitation, sera peu crédible. Balayer la salle des yeux, regarder l'auditoire, c'est déjà se montrer confiant et en contrôle de la situation.

Dès son entrée en scène, un bon orateur sourit, se place dans une position confortable et commence à parler avec conviction et enthousiasme. Évidemment, il faut doser. La situation est-elle dramatique ou tragique ? Ce n'est pas l'heure de faire des gags. Il faut cependant être conscient que si on est là, c'est pour livrer un message avec efficacité. Généralement, cela suppose une attitude positive et énergique, d'autant plus si on a choisi de se passer du lutrin et de ses papiers. Qu'on le veuille ou non, il y a un élément de performance dans ce qui est attendu de vous.

Ce n'est pas sorcier. Présentez-vous sur scène avec assurance et dynamisme, soyez souriant et confiant. Ne dites pas que vous êtes heureux d'être là ; montrez-le. Soyez convaincant avec votre seul comportement. Vous possédez votre sujet. Vous savez ce que vous allez dire. Dans la salle, ils ne le savent pas encore, et si vous leur présentez un visage ouvert et déterminé, ils auront envie de vous écouter. N'oubliez pas : l'énergie réside aussi dans la solide structure que vous avez donnée à votre propos, avec des phrases courtes pour le ponctuer.

5ᵉ commandement : *Tu parleras distinctement et de façon audible*

Tout part de la voix. Il faut s'écouter et apprivoiser sa propre voix. Le son qui en est perçu par les autres n'est pas le même qu'on entend dans notre boîte crânienne. Il faut apprendre à poser sa voix, puis à la moduler pour créer de l'effet, selon que l'on veuille marquer un point, surprendre ou baisser le ton pour que l'auditoire tende une oreille plus attentive. Il est plus difficile de changer son timbre, qui dépend des cordes vocales. On peut bien sûr faire des vocalises, mais vous n'êtes probablement ni un chanteur ni un imitateur. Cependant, tout comme un chanteur ou une chanteuse, vous devez exercer votre respiration.

La respiration doit se faire naturellement, en emmagasinant l'air dans nos poumons et en expirant selon la mesure que nous donne le diaphragme, à hauteur du ventre. On ne force pas ses cordes vocales comme pour crier. On n'aspire pas à la manière d'un plongeur au moment de parler. On laisse le diaphragme faire son travail et on projette sa voix en expirant, en en contrôlant le volume selon la taille de l'auditoire, selon les dimensions de la salle et selon le micro, qui doit être placé à la bonne hauteur et à la bonne distance de la bouche.

Pour bien prononcer, il faut savoir bien mastiquer ! Je blague, mais c'est en exerçant les muscles de la mâchoire qu'on atteindra une meilleure élocution. Ouvrir et fermer les mâchoires en prononçant des voyelles, c'est ma méthode. Vous pouvez bien sûr vous mettre un crayon entre les dents, des glaçons ou des cailloux dans la bouche en vous exerçant à prononcer des mots, mais je trouve ma méthode moins radicale.

6e commandement :
Tu respecteras la règle de trois

Vous connaissez votre sujet, vous voulez tout dire. Parler n'est pas écrire. Un discours n'est pas un article de journal, ni un livre. Parler en public, je le répète, c'est une rencontre entre vous et un auditoire. Cet auditoire vous connaît ou ne vous connaît pas, connaît ou ne connaît pas votre sujet, est intéressé ou non par votre thème. Vous êtes sur la scène, vous avez le micro, vous êtes sans filet. Les quelques pages ou fiches que vous avez entre les mains ne vous aideront pas si vous n'avez pas déjà en tête votre séquence. Votre film. Votre plan.

Le cerveau humain fonctionne mieux avec la trinité. Trois périodes au hockey, les trios, les trois étoiles. J'exagère à peine. Dans le sport, toutes les distinctions ou presque se calculent par trois. Les trois médailles, les trois marches du podium. Le cerveau humain emmagasine plus facilement trois points, trois idées, trois éléments. Au-delà, l'attention s'émousse, le souvenir de la quatrième place olympique s'évanouit, on ne vous suit plus. Donc, structurez votre discours en conséquence. Idéalement, un message principal et trois éléments de développement qui s'enchaînent après votre introduction. En crescendo, si possible, pour en arriver au CQFD, à votre conclusion.

Respectez le plan et vous pourrez plus facilement vous passer de vos notes. Avec vos trois piliers en tête, l'édifice est solide, vous pouvez vous appuyer dessus.

7e commandement :
Tu te soucieras de l'être et du paraître

Votre langage non verbal parle avant que vous n'ouvriez la bouche. Nous avons déjà abordé l'attitude. Si vous arrivez déprimé, angoissé ou simplement coincé au point de vous accrocher au lutrin comme à une bouée, vous êtes déjà jugé. Vos auditeurs sont déjà mal sur leurs chaises. Vous vous balancez d'un pied à l'autre, vous jouez avec la monnaie dans votre poche et vous êtes vêtu comme la chienne à Jacques ? Vous êtes condamné.

Portez une attention particulière à vos vêtements, c'est un élément clé de la première impression que se forge le public en vous voyant. Sobre et de bon goût, c'est mon conseil, pas de couleurs voyantes, une cravate qui s'harmonise avec l'habit pour monsieur, le tailleur pour madame. Et la coiffure. La coiffure, une autre marque de personnalité qui attire tout de suite le regard. Il faut donc en prendre soin, se donner un coup de peigne et éviter les extravagances de formes et de couleurs.

Paraître, c'est également adopter les bons comportements, avant et après sa prestation sur scène. Pas d'alcool ou de nourriture avant de parler, c'est ce que je préconise ; on est reposé, on est allumé et on veut le rester. Plus encore si on donne un discours avant ou après le souper, quand l'heure du cocktail est passée. Quand le discours est terminé, ce n'est pas fini. On demeure à l'écoute et on reste digne, ce n'est pas le moment de se défouler. Quand on prend la parole en public, on soigne son image en toutes circonstances.

8e commandement :
Tu ne liras point, tu raconteras

Difficile, celui-là. On tient à son texte. On s'y accroche, et quand la nervosité s'en mêle, les yeux retombent sur la page et on se met à lire. Danger! C'est précisément à ce moment-là que vous perdez des joueurs dans l'auditoire. Vous devenez hésitant, moins confiant, peut-être même moins savant.

Possédez votre texte. Lisez-le, relisez-le, répétez-le, avant. Repassez-le dans ses grandes lignes, avec ses trois grandes parties, gardez en tête les images, les effets spéciaux, les exemples dans la séquence qui se déroule dans votre tête. Et racontez votre histoire, votre sujet, votre opinion. Racontez votre discours comme si vous racontiez votre journée à votre famille en revenant du travail. Dans ces circonstances, il ne vous viendrait jamais à l'idée de lire un texte.

Vous n'êtes pas un raconteur-né? Ce n'est pas nécessaire. Il suffit de choisir une trame, une ligne directrice – historique, sociologique, politique ou autre – qui sera la colonne vertébrale et le fil de votre discours. Mettez-y de vous-même, pensez à des exemples ou à des analogies qui illustrent bien ce que vous voulez dire, et faites-en part à votre public. Vous êtes encore nerveux? Apportez quelques fiches comme aide-mémoire pour votre introduction, pour les trois parties de votre développement, pour les titres de vos sous-sections et pour votre conclusion. Consultez-les seulement au besoin… et bonne continuation!

9e commandement : *Tu joueras ton rôle en restant authentique*

Vous avez sans doute déjà entendu un comédien qui, parlant d'un rôle qu'il a tenu au cinéma, soulignait comment il avait dû le jouer «naturel» à la caméra. Pour un conférencier ou une conférencière, c'est un peu la même chose. Monter sur une scène devant deux cents, trois cents, cinq cents personnes, ça n'a rien de naturel. Capter et conserver leur attention pendant plus de quinze minutes non plus. En fait, leur esprit commence à vagabonder après trois minutes...

On ne se le cachera pas : vous êtes en représentation. Cela dit, vous n'êtes pas au théâtre. Votre jeu ne doit pas être exagéré, votre voix et votre diction ne doivent pas faire de vous quelqu'un d'autre. Vous devez être vous-même, demeurer authentique tout en sachant que vous jouez un rôle et qu'on attend de vous une performance. Ce qui faisait de René Lévesque l'orateur brillant qu'il était, c'est son authenticité, trait qu'il a conservé en s'adressant par exemple aux Français de l'Assemblée nationale. C'est pourquoi il faut toujours se méfier un peu du discours écrit, il faut l'adapter à sa bouche, à sa parole, à sa personnalité.

Pendant que le maître de cérémonie nous présente, on en profite pour entrer dans sa bulle et visualiser sa performance. Ainsi, dans les minutes qui précèdent l'allocution, on entre dans son personnage.

10ᵉ commandement :
Tu répéteras et tu répéteras

Il n'y a pas de secret. Travailler un discours demande… du travail. Je ne saurais vous encourager davantage à vous enregistrer, en mode audio ou vidéo. À vous voir et à vous entendre. Au début, vous n'aimerez pas le résultat. Les défauts de posture, les tics de langage, les fautes de prononciation, tout ressortira et vous irritera peut-être. Pourtant, c'est la meilleure manière de commencer à vous corriger et à améliorer votre prestation. Vous n'aimez pas l'électronique ? Utilisez le miroir, ou encore des volontaires de votre entourage capables de vous donner un feed-back honnête.

La répétition peut devenir fatigante. Ne faites pas tout à la dernière minute. Soit vous manquerez de temps pour vous entraîner, soit vous vous répéterez jusqu'à l'écœurement. Attention, il s'agit d'un exercice d'intériorisation, pas de mémoire. Si vous êtes capable de réciter votre texte par cœur, c'est sans doute louable, mais est-ce bon pour l'auditeur ? Aura-t-il l'impression que vous croyez à ce que vous dites ? Avez-vous ménagé à son intention une ponctuation et des pauses pour respirer ?

La méthode consiste à repasser le discours dans votre tête chaque fois que vous en avez le loisir. Un truc pour ne pas en oublier de grands pans lors de la présentation en public, c'est de toujours avoir à l'esprit son introduction et sa conclusion. Généralement, les points majeurs et les principaux repères s'y trouvent. Dans le pire des cas, si vous escamotez par erreur certaines parties, votre conclusion demeurera pertinente, car elle contient le message central que vous voulez transmettre. Les auditeurs repartiront avec l'essentiel ; ils ne se souviendront pas, de toute façon, des détails de votre discours.

Ces dix commandements vous serviront d'outils d'échauffement et de guides pratiques avant votre performance. Cette fois, l'image à retenir, c'est celle du pilote d'avion qui vérifie ses instruments avant de décoller. Vous vous apprêtez à prendre votre envol, et cette vérification de routine est capitale. C'est la preuve de votre haut niveau de préparation et de votre professionnalisme. Vous sentez-vous prêt, vous sentez-vous prête?

Le périple achève. Vous avez déjà beaucoup appris sur l'art du discours. Maintenant, c'est à vous de jouer.

Conclusion

Si vous ne deviez retenir qu'un seul conseil dans tout ce que nous avons vu ensemble depuis le début, c'est : n'improvisez pas, préparez-vous. Le public en face de vous a des attentes légitimes. Ne le décevez pas.

La recette miracle ? Elle n'existe pas

Les formules faciles et les trucs miracles pour devenir un orateur ou un porte-parole sensationnel, ça n'existe pas. Vous ne pourrez pas, sans préparation ni expérience, sans travail, vous présenter devant une salle comble et performer. Si vous croyez être un prodige de la parole, un virtuose du verbe ou un orateur au talent inné, ce livre ne vous était pas destiné. Oubliez-le. Vous n'aurez que faire de tous les conseils et exercices que je vous ai proposés jusqu'ici.

Mais sachez que vous prenez des risques en vous présentant sur une scène en comptant sur votre seul bagout ou sur votre sens de l'improvisation. Un pianiste concertiste n'oserait jamais, par respect pour son art et son public, se présenter devant une salle sans préparation. Un chanteur d'opéra ne performerait pas sans avoir préalablement appris les paroles de ses chansons et fait ses vocalises. Un sportif pourrait-il sérieusement disputer une partie sans échauffement?

Il n'y a pas de recette miracle, et la meilleure improvisation est celle qui est préparée. Même Winston Churchill retravaillait ses discours et les préparait dans le creux de la nuit. Vous avez un talent naturel? Tant mieux! Peaufinez-le, raffinez-le. Vous serez d'autant plus confiant devant une foule.

Comment tirer le meilleur de ce livre

L'ambition de cet ouvrage est de vous amener à prendre conscience de l'énorme responsabilité qui est inhérente à la parole publique, mais aussi de vous aider à bâtir votre confiance et à améliorer votre performance. Le lire une fois ne vous sera pas tellement utile si vous ne faites pas les exercices, si vous ne revenez pas sur les chapitres pertinents le moment venu, quand vous serez invité à parler en public ou à donner une entrevue à un média.

Rappelez-vous au moins les quelques techniques de respiration, les conseils sur l'attitude et la posture à adopter lorsque vous serez devant votre auditoire. L'objectif, c'est de vous mettre à l'aise, de vous débarrasser des béquilles qui, loin de vous aider, vous empêchent de communiquer avec le groupe. L'objectif, c'est de vaincre la peur ou le stress qui s'empare de vous à l'idée de vous dévoiler en public.

Pourquoi la plupart des gens ont-ils si peur? Il y a une part d'éducation et de culture dans tout ça. Traditionnellement, au Québec, on laissait aux prêtres et aux avocats le privilège de prendre la parole. Devant quelqu'un qui parle bien, qui a le verbe facile, ce qui est souvent le cas de nos cousins français, on a tendance à s'effacer ou à traiter cette personne de beau parleur. Nous n'avons pas à rougir devant quelqu'un qui s'exprime bien, et encore moins à le juger sévèrement. Je crois que la parole doit être davantage valorisée, notamment à l'école et plus tard, dans des formations adaptées. Prendre la parole, c'est faire preuve de leadership, et on a tendance parfois à sous-estimer cet acte.

Les ingrédients principaux d'un bon discours sont sa simplicité, sa clarté, sa concision. Le secret du succès de la livraison d'un bon discours, c'est la préparation. Vous manquez de temps, vous n'avez pas le loisir de reprendre les chapitres du livre qui vous intéressent ? Relisez alors les dix commandements, travaillez sur ce qui vous dérange le plus, corrigez vos principales faiblesses, écoutez-vous, réécoutez-vous. C'est la clé.

Éviter les pièges et rester soi-même

J'ai déjà entendu dire qu'un discours n'existe qu'à partir du moment où il est prononcé. C'est fort juste. Je vous ai accompagné jusqu'aux premières marches de la tribune, mais en définitive, c'est vous qui livrerez la marchandise. C'est vous qui ferez vivre votre discours, votre histoire, votre message.

Avec ce livre, je souhaitais aussi vous révéler les pièges de la parole publique et vous montrer comment les éviter. Le plus commun, c'est de croire que plus on fera long, plus on aura l'air savant et intelligent. L'humilité chez l'orateur est sa meilleure carte de visite. L'humilité de dire peu, mais bien, et avec impact. L'autre travers habituel, c'est de vouloir faire vite, de se débarrasser de ce qu'on considère comme un fardeau. C'est la recette de l'échec assuré. Il faut prendre son temps, prendre le temps de faire partager à l'auditoire son savoir, son expérience, son point de vue. C'est une conversation sur un sujet d'intérêt commun, pas une épreuve, pas un examen, pas une condamnation à mort ! Rassurez-vous : vous montez sur la tribune pour parler, pas pour vous faire pendre.

Sur une scène, on est toujours un peu un acteur. C'est un sentiment grisant, mais il faut doser sa performance et ne jamais oublier qui on est. Livrer une performance, mais rester authentique. En entrevue, avec un micro sous le nez ou une caméra braquée sur nous, nous sommes également dans un rôle et dans un exercice dont il faut connaître les règles. Et surtout, il ne faut jamais oublier qu'à l'autre bout de la salle ou à l'autre extrémité de la lentille, il y a quelqu'un qui écoute.

Comprenons-nous bien. Il ne s'agit pas ici de vous changer, de vous enterrer sous une tonne de prescriptions et de conseils qui, une fois assimilés, viendront modifier votre personnalité du tout au tout et vous couper de votre naturel. Ce que vous voulez, c'est être capable de bien vous faire comprendre et de vous exprimer devant un groupe, de communiquer vos idées et votre message.

L'objectif suprême, c'est de parvenir, par l'entremise d'un travail sérieux, à intégrer tous ces trucs et techniques pour qu'ils deviennent une seconde nature. Les outils proposés ne visent pas à vous constituer une armure pour vous protéger de la foule, mais à vous aider à livrer votre message avec impact, en dotant votre propos d'une valeur ajoutée. Ce que vous souhaitez en définitive, c'est que vos auditeurs gardent une empreinte durable de votre prise de parole et, si possible, une bonne impression de vous.

Comme nous l'avons vu, c'est une tâche ardue et bien davantage, dans un monde où nous sommes constamment bombardés d'informations et où il est de plus en plus difficile de retenir l'attention. Quand j'animais une émission à la télé, je m'efforçais, avant d'aller à la pause publicitaire, de m'adresser directement au téléspectateur. Je lui disais : « Retirez votre casserole du feu ou interrompez vos autres activités, car avec ce que j'ai à vous présenter au retour de la pause, vous ne quitterez plus l'écran. » J'aurais sans doute plus de difficulté aujourd'hui à inciter les gens à lâcher leur téléphone intelligent ou leur tablette, mais le défi demeure le même : capter et conserver l'attention de ses auditeurs.

Aller chercher le dernier spectateur dans la salle, c'est mon défi ; je suis prêt à faire n'importe quoi pour ça, quitte à arrêter au milieu d'une phrase, au beau milieu du discours, et à demander ce qui ne va pas.

La satisfaction du discours accompli

Avez-vous été bon, bonne ? La réponse simple, c'est oui ! Oui, parce que vous avez surmonté ce qui vous apparaissait insurmontable il y a quelques semaines à peine ! Oui, parce que peu de gens auraient pu faire mieux que ce que vous avez fait ! Oui, parce que vous vous êtes confronté à vous-même avant de vous présenter devant un groupe ! Oui, parce que vous avez consacré beaucoup de temps à préparer votre performance.

Et le jugement des autres, croyez-vous qu'il compte vraiment ? Pour le moment et jusqu'à la prochaine fois, c'est vous qui comptez. Sir Winston Churchill disait : « Le succès n'est jamais terminé, l'échec n'est pas fatal, c'est le courage de poursuivre qui compte. »

Le maître de cérémonie vous a annoncé. Vous êtes monté sur la scène et vous l'avez fait. Tout comme je l'ai fait pour la première fois au spectacle de fin d'année de mon école primaire, vous avez passé le test. Dans les minutes qui suivront votre première allocution, une fois que vous aurez repris votre souffle et que le calme se rétablira en vous, vous revivrez votre discours et vous serez envahi par un sentiment de fierté. À moins d'une catastrophe, vous voudrez recommencer en vous disant que ce fut peut-être exigeant, mais que ça valait le coup. Vous pourriez le refaire. Vous doutiez de vous, mais vous avez réussi...

Combien de ceux qui composaient votre auditoire connaissaient vos craintes, votre timidité, votre secret intime, vos doutes concernant votre capacité à prendre un jour la parole en public? Combien auraient été prêts à prendre votre place? Combien auraient été capables d'être à votre place?

La prochaine fois, si vous vous remettez à l'entraînement avec la discipline que cela exige, vous le referez avec encore plus de confiance et de sérénité. Vous serez encore meilleur, et on n'y verra que du feu. Les félicitations, les commentaires enthousiastes et les applaudissements seront votre récompense.

Je n'ai pas à vous lancer le mot de Cambronne. Vous n'avez plus besoin de compter sur la chance. Vous possédez désormais tous les outils pour compter sur vous-même.

Remerciements

Je tiens à remercier ma fille Geneviève pour ses précieux commentaires, mon fils Marc-Étienne pour son travail de création photo et mon épouse Lynda Durand qui, depuis le début, me soutient dans ce projet. Je voudrais également souligner la collaboration de Marc Sévigny.

Table des matières

Suivez-nous sur le Web

Consultez nos sites Internet et inscrivez-vous à l'infolettre pour rester informé en tout temps de nos publications et de nos concours en ligne. Et croisez aussi vos auteurs préférés et notre équipe sur nos blogues!

EDITIONS-HOMME.COM
EDITIONS-JOUR.COM
EDITIONS-PETITHOMME.COM
EDITIONS-LAGRIFFE.COM

Achevé d'imprimer au Canada
sur papier Enviro 100% recyclé